博物馆里的北京城

葛文婕 著

中国国际广播出版社

图书在版编目（CIP）数据

博物馆里的北京城 / 葛文婕著. --北京：中国国际广播出版社，2024.6. --ISBN 978-7-5078-5574-6

Ⅰ.K291-49

中国国家版本馆CIP数据核字第2024MV8704号

博物馆里的北京城

著　　者	葛文婕
责任编辑	梁　媛
校　　对	张　娜
版式设计	邢秀娟
封面设计	王广福
出版发行	中国国际广播出版社有限公司〔010-89508207（传真）〕
社　　址	北京市丰台区榴乡路88号石榴中心2号楼1701 邮编：100079
印　　刷	环球东方（北京）印务有限公司
开　　本	710×1000　1/16
字　　数	190千字
印　　张	13.5
版　　次	2024年7月 北京第一版
印　　次	2024年7月 第一次印刷
定　　价	58.00元

版权所有　盗版必究

序

北京有着非常丰富的博物馆资源，截至2022年，就有204家备案的博物馆。也就是说，如果我们每周走进一家博物馆，需要近4年的时间才能把所有博物馆走完。从内容上看，更是包罗万象、百花齐放，可以说北京是一座名副其实的"博物馆之城"。这里有举世瞩目的故宫博物院、中国国家博物馆，以及作为首都政治历史文化地标的首都博物馆。同时，这里还有很多专业化、类型化、小众化的博物馆，以及作为博物产业市场化代表的民营博物馆。气势恢宏的博物馆固然吸引人，但"小而美"的博物馆也不乏它的文化和审美价值。它们同样用自己的方式，讲述着城市的历史。

这本书对我来说历时漫长，其实它并不是一本严谨的学术著作，而是建立在广播节目的基础上，又加以整理改编的散文集。早在2018年，北京市文物局就提出"博物馆之城"的概念，这几年我恰好在北京文艺广播担任《打开文化之门》节目的策划人，策划了两个博物馆探访的子栏目《京华博物》和《电波里的博物馆》。2020—2022年，很多博物馆无法对外开放，我们通过广播和微信公众号的方式，为博物馆文化的传播尽了绵薄之力。后来，我又在领导和同事们的支持下，将这一系列的博物馆节目的文字整理成书，感谢我采访过的众多博物馆的馆长、研究员和嘉宾，他们带领我了解了更多博物馆背后的故事。没有他们，这本书就不可能付梓。而我也希望可以通过这本书，将这些知识传播给更多人。这本书仅记录了我对16家博物馆的探访，各自具备典型的代表意义，有代表了北京三千年建城史的博物馆，有中轴线上的博物馆，还有自来水、印刷、电影、邮政邮票等见证过北京不同行业发展的博物馆，我愿称之为"时间的博物馆"。

生活在北京的人们可以随时在博物馆里回望北京的历史。三千年前，燕国的公子克不远千里，从黄土高原来到燕山脚下，沿琉璃河建起了北京地区有史以来第一座都城。三千年是一段比较久远的历史，但当我们在墓葬坑、车马坑边观赏那些原汁原味的本土文物，观摩古人与自然斗争的遗物，感受"鼎天鬲地"的家国情怀，领略他们的生活美学时，历史离我们似乎并不遥远。"博物学"始于人类文明的诞生，又因人的好奇心而不断发展，反过来具有治愈人心的作用。我采访过一位退休女工，她从年轻时就以走访博物馆为业，业余时间担任博物馆的志愿者，退休后又带着孙辈跑遍了北京地区的所有博物馆。能这样数十年如一日地坚持做一件事，也实在令人钦佩。如今我们常听到一些反映社会心理的词语，从"纠结""拧巴"到"内卷""躺平"，现代人似乎更容易焦虑，而"焦虑"本身好像又是通过这些词语的暗示而被"制造"出来的。其实我们可以有另一种生活方式，以一种不卑不亢的态度面对一切，努力享受生活、创造幸福、掌握自己的命运。博物馆正是这样一个消弭焦虑的地方。站在源远流长的中华历史和文明面前，很多烦恼都变得无足轻重。这或许才是文化自信和民族复兴在普通老百姓身上的体现吧！

最后，由于笔者学识有限，书中若有纰漏和不妥，请各位读者指正！

目 录
CONTENTS

001　西周燕都遗址博物馆：三千年的建城之约

017　北京大运河博物馆：一条河，一座城

027　北京古代建筑博物馆：中轴线上，仰望星空

041　孔庙和国子监博物馆：学子的朝圣地

059　大钟寺古钟博物馆：六百岁的永乐大钟

073　北京自来水博物馆：浴火而生，饮水思源

085　北京工艺美术博物馆：国礼之礼

097　古陶文明博物馆：首都民营博物馆的开端

111　北京古观象台："时间的博物馆"

123　北京奥运博物馆："双奥之城"的荣耀

135　中国印刷博物馆：梨枣镌古今

149　中国电影博物馆：光影的历史

161　中国邮政邮票博物馆：历史的方寸

173　北京鲁迅博物馆：从周树人到"民族魂"

187　史家胡同博物馆：北京的红颜遗事

197　北京怀柔喇叭沟门满族民俗博物馆：来自"北极乡"的文化珍珠

205　后记

西周燕都遗址博物馆：三千年的建城之约

带着问题看正文：
作为青铜时代最重要的礼器，鼎是用于盛酒的还是煮肉的？

●● 本馆简介 ●●

北京市西周燕都遗址博物馆是一座古文化遗址与文物陈列相结合的历史文化类博物馆。博物馆位于北京市房山区琉璃河镇董家林村村东，坐落在西周燕都遗址的东城墙外。1990年开始筹建，1995年8月21日正式对外开放。博物馆以四座原址保留的墓葬和车马坑最具特色，还展示了造型精美的青铜器、玉器、陶器、原始瓷器、玛瑙、漆器、甲骨等艺术珍品和文物复制品，再现了古燕都三千年沧桑的都城城垣，以及当时的贵族墓葬。

"封召公于北燕"

北京是太平洋沿岸最具活力的现代化都市之一，但它也是古老的，它的城市文明开始于三千年前的琉璃河西周燕都遗址，灿烂的古燕都文化就是从这里孕育而生的。

北京建城的历史始于西周分封的燕国，但是燕国的都城到底在哪里？这一直是个悬案。直到1964年，房山区琉璃河镇的一位农民在挖菜窖的时候，意外挖出了两件三千年前的青铜鼎和爵，考古人员由此展开了对琉璃河长达数十年的考古勘探和挖掘。

从1973年开始，琉璃河镇经历了5次考古发掘，共勘探发掘了300多座墓葬和30余座车马坑。考古发现遗址的墓葬区被分为南北两大部分，南面是周人的墓地，北面是商朝移民的墓地。发掘的墓葬按规模可以分为大、中、小三种类型，均为南北向，遗憾的是大型墓的随葬品多被盗掘一空，而小型墓一般只出土几件陶器，甚至一无所有。因此在考古发掘中，中型墓的随葬品是较为丰富的，除了陶器还有不少青铜器、玉器、蚌器，甚至还有少见的原始瓷器和成组的漆器。

琉璃河遗址在1988年被国务院公布为第三批国家级重点文物保护单位。西周燕都遗址博物馆恰如一座历史丰碑，记载了首都北京初始阶段的辉煌历程。

北京市西周燕都遗址博物馆属于遗址性博物馆，它的地理位置位于琉璃河遗址的东城墙外墓葬区。从造型来看，博物馆是一个方形建筑，采取对称四合院式的布局。中心主建筑风格参考了文献记载的周代明堂特点，古朴大方。而琉璃河遗址由城址和墓葬区两部分组成，其中4座原址保留的墓葬坑和车马坑最具特色。

西周燕都遗址博物馆记载的正是古老北京的建都史。《史记》记载"封召公于北燕"，说的就是如今的北京、河北一带。但是，据发掘文物上的铭文记载，受封的人并不是召公，而是克。这段历史是怎么回事呢？虽然有争议，但是也并不矛盾。

周武王在封召公于北燕的第二年就去世了，周成王即位。周成王年幼，不能够治国理政。周公、召公、太公三人是周武王留给儿子的三位贤臣，其中太公就是著名的姜子牙；有关周公旦最著名的故事是他曾一度放逐周成王，而他崇高的政治地位来自他的出身——周文王第四个儿子，周武王的嫡亲弟弟；召公奭则是王室的宗亲，负责内政方面，以务实低调而著称。为了西周天下太平，深得信任的能臣姜太公被封到了东夷，召公被封到了北燕，近亲周公则留守镐京，辅佐周成王治理朝政。

召公到底有没有来到北燕？普遍的说法是没有。这和周成王初年的一次叛乱有关。武王灭商后，听取了周公的意见，采取"以殷治殷"的政策，分封纣王的儿子武庚于殷，并利用他来继续统治殷民。同时，武王派兄弟管叔、蔡叔、霍叔在殷都附近建立邶、鄘、卫三个国家，呈三角的形状，以此来监视武庚，史称"三监"。

周成王即位后，周公的摄政引起了管叔的疑忌和不满。因为周公行四，而管叔行三，如果按序齿顺序，应由管叔摄政。武庚见机，便拉拢"三监"发动了叛乱。周王朝面临严峻的形势：武庚是投降的敌人，而管叔等人则是天子近亲，双方的联合让家族内部的权力斗争演变为"叛乱"，周公在召公等人的支持下，诛杀武庚，杀死管叔，流放蔡叔，废霍叔为庶民，平定了"三监"之乱，最终维护了家族的团结，巩固了西周政权。而这件事对于当时的燕国也造成了影响，召公一直也没能到北京地区来，他的长子克则来到这里，代替他执政燕国。

周成王在位期间，召公长期担任太保。《大戴礼记》记载："召公为太保，周公为太傅，太公为太师。保，保其身体；傅，傅其德义；师，导之教顺，此三公之职也。"《史记·燕召公世家》记载："自陕以西，召公主之；自陕以东，周公主之。"也就是说，以陕地为界，以西归召公管，以东归周公管。召公在西方执政期间，政通人和，深受民众的爱戴，他曾在一棵棠梨树下办公，后人为纪念他舍不得砍伐此树，《诗经·召南·甘棠》就称颂了他的故事。

召公的仁政思想也影响到长子克。克率领二次投降的商民来到燕国，在这里实现了商人和周人族群的和谐相处，维系了西周对边疆的统治。他建立了北京地区第一个都城，就是如今的琉璃河遗址，后来被称作初都。作为北京建城和建都的开始，古燕都维持了一百多年的时间，但古燕国则维系了八百多年的历史，对于西周时期的民族融合发挥了重要的作用。

公子克往事：克盉和克罍

燕国的始封地就在如今的西周燕都遗址博物馆，即现在房山琉璃河的董家林村，此地对研究北京建城的历史具有非常重要的意义和价值。

克带领6个部族来到燕地，接受了这里的土地和管理机构。为了纪念这件事，做了两件器物——克盉和克罍，并铸有铭文"命克侯于燕"。铭文记载有人物、地名、事件，记录清晰，使得考古文物和历史相吻合。史学界有公论，孤证不立。司马迁写燕国建立，仅片言带过，但有了文物证据，就能够作为史料最有力的证明——北京城的最早建成始于召公父子二人。

馆藏克盉复制品　　　　　　馆藏克罍复制品

　　1986年，琉璃河遗址1193号大墓出土了两件青铜器——克盉和克罍。克罍是酒器，克盉则兼具酒器和水器的功能。这两件青铜器的命名是基于器盖和内壁的铭文，铭文表明这些是克的东西，最后也确认这个墓就是第一代燕侯克的墓。

　　盉在当时有两种用途，一是用水来调酒，二是用于盥洗之礼。对照一下现代，就是您到我家来做客，我得先让您擦把脸、洗洗手。如今人们用自来水十分方便，而在古代，则以盥洗之礼来代表饮食礼仪的庄重。具体的操作方式就是由主人持盉，倒水为客人洗手，主人的儿子则托着盆跪在一旁接洗手水，防止洗手水溅到地上或客人的衣服上。

　　罍是酒器，大小接近酒坛子，在库房中储存酒之用。宴饮前将酒从罍中倒入尊。中国古代宴席采用的是分餐制，每人一桌，尊放在桌上。喝酒时，用汲酒器（类似于一个小勺子）把酒舀出来，倒进酒杯中。当时的酒杯叫作卮。

首先，作为用于宴饮等重大礼仪性场合使用的酒器、水器，盉和罍两件青铜器从礼器地位来说并不崇高。其次，它们的造型一般，并不独特。但克盉和克罍被认定为国宝，原因在于其文字价值。在两件国宝的器盖和内壁上，有同样的四段43字铭文。除了有个别字的字形有差别，记录的内容完全一样，尤其是"命克侯于燕"文字清晰明确。43字铭文大意为：

    王对太保说：您按时明祭，美酒献给天子。我要回报您的功绩，命克为燕侯，统治当地的羌族、匿族等人。特做礼器以纪念。

商朝末年，周武王率领军队讨伐商纣王，仅仅一个月时间，就打败并取代了统治中原数百年的商朝，成为天下共主。周王有感于"天休于宁王，兴我小邦周"，十分在意统治秩序的维护，为此采用分封诸侯国的方法来统治天下。周王将地广人稀的北燕蛮荒之地分封给召公，而召公为了辅佐周王的京畿统治，不能前往封地当诸侯。周王改封召公的长子克为侯，克就成了第一代燕侯。于是，克制作了克盉和克罍这两件青铜器来作为纪念。这两件实物正是对当时那段历史的最好证物。两件文物原件藏于首都博物馆，燕都遗址博物馆展示的为复制品。

太保鼎和燕国的实力

召公是历史上首位受封燕国的诸侯，博物馆展出了太保鼎的复制品作为追念。西周太保鼎是国宝级文物，清朝末年出土于山东省寿张县梁山泊，目前收藏于天津博物馆。鼎高57.6厘米，长35.8厘米，宽22.8厘米，重26公斤。四柱足，口上铸双立耳，耳上浮雕双兽。鼎腹部四面装饰的是蕉叶纹与饕餮纹，四角饰扉棱。鼎腹内壁铸"大保铸"三字，"大"也就是"太"。雄浑庄重的太保鼎正是召公奭身份和地位的象征。太保鼎纹饰优美，铸造工艺精湛，具有非凡的艺术魅力。2002年1月18日，国家文物局将西周太保鼎列入《首批禁止出国（境）展览文物目录》。

太保鼎的最特殊之处是柱足，一是装饰有扉棱；二是柱足很高，中部装饰圆盘，在商周青铜器中是独一无二的。鼎是国之重器，而太保鼎与一般的鼎相比，鼎足太高，与鼎身部分比例失调。而若从圆盘以上来看，鼎身与足的比例更为常见、更为协调。专家推测，太保鼎是为运输之用而设计。将鼎足插在车上，更易搬运。这也可以联系北燕当时是边塞苦寒之地，铸鼎工艺不高，太保鼎在中原铸造完成后，再伴随燕侯来到燕地。

燕国是西周的北疆，其疆域面积的变迁直接反映了燕国实力乃至西周统治能力的强弱。在西周燕都遗址博物馆的展厅中，燕国的疆域图展示了当时西周、东周的北方属地变迁。西周初期，燕国的疆域只在沿琉璃河这一带，大约从琉璃河到广安门。发生战争时经常需要逃跑，或者叫战略转移，人们曾一度转移到现今雄安新区的雄县和白洋淀附近。这也反映出北京由于气候偏干燥，人们总要逐河而居，考古学家也在白洋淀附近发现了部分燕国文物。

燕国疆域最大的时期，是战国时期燕昭王招贤纳士的黄金时代。燕昭王用乐毅和秦开大大拓展了燕国的疆域。乐毅是赵国人，本是赵武灵王的外交官，后来成为燕昭王的大将，曾打败齐国，攻入临淄并将王宫宝物悉数搬回燕国，还曾放火烧掉了齐国的宫庙宗室，一雪当年燕国被齐国破都之耻，将燕国的疆域扩张到如今的山东一带。

秦开来自鲁国。史书记载："其后燕有贤将秦开，为质于胡，胡甚信之。归而袭破走东胡，东胡却千余里。"秦开是山东人，曾被燕王哙送往东胡为人质，因而了解东胡的情况。后来回到燕国，带兵攻打东胡和朝鲜。秦开从妫水流域（今延庆）向密云地区的渔水（今白河）、鲍丘水（今潮河）流域的东北方向推进，将疆域扩张到今辽宁一带。燕长城也从抵挡游牧民族的边界，变为内部疆域之中。燕国最强大的时候，疆域向长城北面推进了2000余里。如今地图上很多知名的地方都是燕国的疆域，包括张家口、赤峰、锦州，以及辽宁沿渤海湾一线。秦开向北部开疆拓土，进一步推进了中原文化或农业文化与草原文化、游牧文化的大融合。

北京重要的历史地位也由此确立。北京还有一个历史地理学意义上的别称——"北京湾"，因为北京地处华北平原的西北部，西部和北部被太行山和燕山山脉环抱。更为具体地说，西部是太行山余脉的西山，北部是燕山山脉的军都山。

从军事战略意义上讲，古代游牧民族从北京进入中原，有两条道可走：一条道在南口，南口外就是内蒙古大草原。还有一条道在古北口，从古北口出去过了承德就向东北三省方向。这两个口，相当于两个咽喉之地，中原的北大门就看住了。从交通方面讲，现在的京港澳高速公路在以前叫京石高速公路，从北京到涿州、保定、石家庄、郑州，再往西可以奔赴西安（西周首都镐京），在古代这也一直是交通要道。当燕国与草原民族打仗之时，来自各诸侯国源源不断的物资就可以运过来。所以，北京南部的琉璃河就成为建立都城的不二之选。

最后总结一下，大约在公元前1046年，武王灭商，周王朝建立，周人通过把王室成员分封到各地的方式，将夏商以来中国农耕区的联合推向了一个新的高度。西周王室的重臣召公被分封到了北疆，他的儿子克建立起北方最大的诸侯国燕国。北京地区第一座都城的建立，标志着燕山周边地区被划入中原文化联合体之中。也正是通过燕国的征战与治理，中华文明实现了游牧区与农耕区的第一次大融合。

燕都遗址长什么样？

琉璃河遗址的发现可以说是北京地区最大的一次考古行动。从挖掘成果来看，都城的北城墙是完好的地基，共829米，一点儿没有受损，但城墙已经消失；东城墙和西城墙靠北各存留了300多米。考古专家还幸运地找到了一小段南城墙的遗迹，由此可以确定，燕都城东西长约829米，南北长700米左右，面积在60万平方米到61万平方米。在等级森严的分封制下，燕侯的级别决定了都城的规模，加之燕国又位于北疆动乱之地，导致燕都城相比中原城池更小。燕都城墙外的护城河最深处仅为2.8米，不过宽度达到了25米，足以御敌。

城中有宫殿区、祭祀区。宫殿区靠近北城墙，位置偏东部。宫殿区的西南角用于祭祀。宫殿区、祭祀区都出土有不少文物。城西是手工作坊区，为当时的技术工业集聚地；城南则是平民居住区。这种城市布局在历史上一直有传承。考古发现，宫殿区已经开始使用下水道，东城墙脚下发现了当时修筑的排水沟。东城墙外为墓葬区，西周燕都遗址博物馆就建在此处，原址保存了两座墓葬、两座车马坑。这也是燕都遗址博物馆的特殊之处。

城墙是用夯土修筑的。在古代的北京，坚固且便捷的城墙制作方法就是使用夯制的土，北京位于华北平原，黄土比石头更为常见易得。另外，对古人来说，将泥土从河里挖出来夯实，在城墙成形的同时，护城河也得以同时成形。一直到元大都，城墙依然用夯土的方式来完成。夯制方法是：墙的两边用木板夹起来，形成20—30厘米的厚度。铺上土，用夯锤打实。从出土的城墙可以看到，墙土层上的圆形夯窝直径为3—4厘米。所谓夯锤，就是下面绑着的一捆小木棍，把一束材质坚硬的木棍捆在一起，做成一个夯锤，用力击打。每层夯土高20—30厘米。夯好一层之后，木板不断加高，城墙就逐渐成形。

"舌尖上的燕都"

燕都遗址的居住区也出土了大量的日用品，使我们了解到西周燕都时期的百姓生活，尤其是日常饮食文化，具有很强的社会史意义。

主要的日用品有如下几种。

陶豆。豆，形似高足盘，有的有盖。容量偏小，盛的食物往往是肉或菜（以熏烤、腌制为主）。

陶簋。簋是古人吃饭的碗，容量比现代的碗更大。推测一是古代粮食作物较粗糙，以煮制稀饭或粥为主要方式，因此需要更多的量；二是用于多人共食的情况。古人赴宴时采用分餐制。但在平民生活中，考虑日用成本，一家人多围坐一个簋来进餐。

陶鼎。老百姓常用三足陶鼎来煮肉。宴饮时，鼎和簋常配套使用，鼎盛放肉食，簋盛放黍、稷、稻、粱等主食。在商周礼制中，祭祀和宴飨时，簋通常以偶数组合，列鼎则以奇数组合，两者配合使用，如天子用九鼎八簋，诸侯七鼎六簋，大夫五鼎四簋，士三鼎二簋。

陶鬲。鬲是老百姓煮粥用的锅。鼎和鬲的区别主要是足的形式不一样。鼎足和鼎身是分离的，鬲足与鬲身相通，是中空的。在没有锅灶的年代，鬲足下生火，中空的鬲足可以使受热面积更大。陶鬲上的花纹是最普通的绳纹，美观且防滑。燕都遗址博物馆外四个大字"鼎天鬲地"，代表了鼎和鬲这两种非常重要的物品的意义：鼎为天，代表政治；鬲为地，代表衣食住行，一天一地，发人深思。

青铜爵。琉璃河一带出土了大量的青铜爵。爵是很多影视剧中常见、现代人最为熟知的酒器，经常作为古代君王好酒贪杯的代言。实际上，《说文解字》中对爵的解释为："爵，礼器也。象爵之形，中有鬯酒。"鬯，是一种香酒，专用于祭祀或供奉。因此，日常饮酒较多用卮，爵也带有很强的礼仪性，特别是天子分封诸侯时赏赐给诸侯的。由此引申意义为爵位、官位。

爵身下有三足，可以用于加热。遗址中出土的很多青铜爵下面都有加热过的痕迹。此外，爵身前有流（倾酒的流槽），后有尖状尾，爵的"流"很长，用来喝酒很不方便。此外，爵上还有两个环，环上面有两条小柱，有专家推测是用来绑一个网来滤酒。古人酿的酒，以粗制的米酒居多，另外也会加入一些捣碎的水果进行调制。水果渣子就会在倒入爵的时候被过滤掉。还有专家认为，小柱不是用于滤酒，而是用来限制人饮酒的。人在使用爵仰头喝酒时，小柱会卡到鼻梁，因此需要特别注意行为举止的优雅，同时控制饮酒量。从商朝晚期出土的大量青铜爵来看，爵上的小柱并没有阻挡商纣王的肉林酒池和自取灭亡。不过在西周早期，人们确实提倡少饮酒，在祭祀和宴会时象征性地饮酒，甚至以水代酒。

殷商人在西周：活跃在西周政治舞台上的名人伯矩

1973年以来，琉璃河遗址共清理发掘出墓葬300余座，其中周人的墓地仅占1/4，而商人墓地占到了3/4。另外，各个等级的墓葬错落分布，如今的博物馆中保留并原状陈列了两组贵族墓葬及其随葬的车马坑。在考古发掘过程中专家判断它们并不是同一时期的墓。虽然燕都城址破坏相对严重，但墓坑的保存较好。

这还是要追溯到三千年前，姬克来到琉璃河地区建立燕国时率领了大批臣民，主要包括族人、臣子和部分殷人后裔。尤其是刚刚经历过"三监"叛乱，周王室需要进一步将殷人后裔分散。不过，西周对殷商移民仍采取了较为宽容的政策，殷商的一些墓葬习俗仍然保存。在燕国墓地的殷移民墓葬中多有铜爵，说明殷人仍有饮酒的习俗。

如何通过墓坑来判断墓主人的身份？是周人还是商人？

首先，通过墓的长宽可以判断墓主人身份。诸侯墓的宽度可以达到7米多，中等贵族的墓一般长3—4米，宽2—3米。其次，依据墓坑的不同规制，墓坑中需要安置棺椁、随葬品等。

棺椁在古代是殡葬文化的重要载体，其意义远超作为安放尸体容器之用，还具有保护尸体、祭奠死者、表达哀思等多种功能，新时期时代就有了石棺。《说文》段有云："木椁者，以木为之，周于棺，如城之有郭也。"意思是说，椁是木头做的，放在棺的四周，就像内城外郭，守护逝者。

当时的中等贵族是一棺两椁。椁和棺的不同之处表现在：棺有底，椁没有底。当时的下葬流程为：棺内放贵族尸首下葬，下棺之后就在棺四周培土成台，随葬品依次摆到土台之上，而后罩一层内椁。椁之上再培土台，继而放随葬品，最后再放置外椁。这是比较典型的中等贵族的墓葬。

判断是商人还是周人，很重要的标准是是否有人殉。商代使用人殉，墓的主人会在旁边殉自己的奴隶。但是，周人基本取消了人殉的制度。殉葬品一般只有车马、狗。周人对于生命的理解可能已经发生了一些变化。周公的思想是"敬神保民"，认为天和神是最重要的；召公的思想是"敬德"，更重视对民众的保护，认为人代表上天来行使政治权力，所以要修德。殉人，意味着杀死别人，就有悖了这种道德。

馆藏伯矩鬲复制品是商人随葬品的典范，原物出土于251号墓，现藏于首都博物馆。伯矩鬲高33厘米，重7.5公斤，也是禁止出国的国宝级文物。伯矩鬲以高浮雕的牛首为装饰主题，7个牛首形兽面纹非常引人注目：器盖中央有两个写实的牛头背靠背构成盖钮，盖面上还装饰有两个牛首兽面纹，牛角翘起；腹部有三组牛首兽面纹，与盖面相呼应。这种纹饰见于殷朝到西周早期。

伯矩鬲成为国宝的另一大原因也是基于它清晰记载的铭文。盖内和器身颈内壁铸有相同的铭文："才（在）戊辰，匽（燕）侯赐伯矩贝，用乍（作）父戊尊彝。"意思是说，燕侯赏赐伯矩钱，铸造青铜礼器（酒器）来祭祀自己的父亲。

贝，是古代的钱币，十贝为一朋。父戊是青铜器铭文中殷人常用的简化祭辞格式，只记载被祭祀者的称谓。戊是天干，天干由黄帝发明，用于纪年，分别是甲、乙、丙、丁、戊、己、庚、辛、壬、癸。商朝是中国历史上第一个以文字记载的朝代，天干的记号系统不仅用于纪年，还用于贵族取名。已经发现的殷商青铜器铭文中广泛出现有"父甲""父乙""父辛"等称谓。尊、彝均为古代酒器，金文中常常连用，作为礼器的统称。

父戊正可以说明伯矩的家族是殷商贵族遗民，那么他的家族是如何来到燕地的呢？《尚书》中周人自称以"小邦周"而灭掉"大邑商"，内心很惶恐。纣王虽死，但商遗民却人口众多。周王室将商遗民分配给各分封诸侯，分散迁往四面八方。周人对殷商贵族采用怀柔政策，保留其姓氏、官职、族群。伯矩的家族就是跟随克来到燕地的。

推测伯矩此人的政治和外交地位很高。他在燕国政坛非常活跃，据史书记载，他负责迎接周王的使者，能铸造众多精美的青铜器。伯矩鬲的艺术设计和铸造工艺极为高超，可以说是北京地区出土的西周青铜艺术巅峰之作。从全国范围来看，伯矩甗、伯矩鬲、伯矩簋等伯矩系列青铜礼器，在我国商周青铜文明探讨中占据重要地位。

馆藏伯矩鬲复制品

例如：伯矩甗一件，收藏在辽宁省博物馆，铭"伯矩作宝尊彝"；伯矩盘一件，铭"癸伯矩作宝尊彝"；伯矩壶一件，铭"伯矩作宝尊彝"，收藏在华盛顿弗瑞尔美术博物馆；伯矩簋两件，一件在清晚期出土后流入英国伦敦，另一件收藏在宝鸡市博物馆；伯矩鬲两件，分别出土于北京房山琉璃河和辽宁喀左县山湾子村，铭"才（在）戊辰，匽（燕）侯赐伯矩贝，用乍（作）父戊尊彝"，分别收藏于首都博物馆和辽宁省博物馆，都是镇馆之宝。从伯矩系列青铜礼器的出土位置也可以分析伯矩本人的活动轨迹，而这些青铜器也可以成为考究燕都和东北地区政治文化交往的重要符号。

与伯矩鬲可以同时提及的是堇鼎。堇鼎，1974年出土于琉璃河遗址253号墓。堇是第一代燕侯克的近臣，鼎内铭文记录了他远赴周王都所在地奉献食物一事。堇鼎古朴浑厚、雍容大气，是目前北京地区出土的最大、最重的青铜礼器。和伯矩鬲一样，堇鼎的器形、纹饰都与黄河流域商周遗址出土的同类器物相似，很可能都是在中原地区铸造完成后带回燕都的。燕国成立早期，都城的手工业以生产陶器为主，无论是经济技术还是日常生活，都可以说是艰苦简陋。这或许也是早期燕国"筚路蓝缕"的体现。

西周燕都遗址的护城河在西周中期逐渐淤塞，西周晚期也不再出土高等级的物品，由此推测琉璃河燕都遗址的城市功能在西周中晚期之交发生了变化，在燕国建立一百多年后被废弃。不过，在目前的西周早期各诸侯国考古中，这种既有城址又有贵族墓葬的遗址，在全国来说都是独一无二的，值得考古爱好者细细体味。

北京大运河博物馆：一条河，一座城

带着问题看正文：
京杭大运河是在隋朝还是元朝修到北京的？

●● 本馆简介 ●●

北京大运河博物馆，是首都博物馆的东馆，位于北京城市副中心城市绿心森林公园西北部，与邻近的北京艺术中心、北京城市图书馆并称为北京城市副中心三大文化建筑。2023年12月27日正式对公众开放。

"运河之舟，扬帆起航"

2023年底，通州区北京城市副中心有一件文化大事发生：三大文化建筑，即北京大运河博物馆、北京艺术中心和北京城市图书馆正式对外开放。三大文化建筑的落成对当地老百姓的文化生活十分利好。有专家戏称，老百姓可以早上到图书馆看看书，下午去博物馆看看展览，晚上再去艺术中心看看戏，这一天就非常充实地度过了。

徜徉在三大文化建筑中，可以看到千年运河潺潺流淌于大剧院的北侧。其实大运河博物馆坐落的位置，在200年前正是运河故道。只是随着河流水文的变化，以及出于治理的目的而对运河进行了改道，才调整到今天的位置。三大文化建筑在地理位置上挨得近，扎堆在城市副中心的绿心森林公园。

绿心森林公园的前身包括原东方化工厂的厂区和周边的村落。原址充斥着所谓的"工业小院"，实际上是村庄里的小生产作坊。东方化工厂过去是一个规模中等的化工企业，一度给土壤造成了严重的污染。在规划城市副中心时，相关负责人对这片区域是用于商业开发还是另作他用也进行了讨论，更多的意见是将这片土地改造为城市的绿肺、绿心，把森林城市的理念植入副中心。最终的方案是，对整体进行拆迁拆除，用生态手法修复东方化工厂中受到污染的土壤，尤其是原工厂的核心生产区，那里污染最严重。修复土壤后，再对村落进行搬迁，最终形成了面积11.2平方公里的绿心森林公园，这也是对副中心建设起至关重要作用的点睛之笔。2020年9月，大运河畔的城市绿心森林公园正式开园。

三大文化建筑另外一个典型特点是，从设计之初就体现了运河基因，有与运河相关的称谓。其中，北京大运河博物馆被称作"运河之舟"。而这个名字的来源，既出自它的外形特点，也来自博物馆的精神内核。

博物馆有两个相对独立的建筑。一个是共享大厅，另一个是主楼。共享大厅实际上是船的底部，主楼包括五个高高扬起的建筑部分，类似于风帆结构。晚上在博物馆北侧遥望，就可以明显看到这艘"运河之舟"，所以博物馆开馆时就留下了"运河之舟，扬帆起航"的说法。

从内容上来看，博物馆里的展览基本分为三类：第一类是基本陈列，主要讲述北京和大运河的关系。第二类是专题展，例如京津冀协同发展等。第三类是临时展览，包括在共享空间做一些开放性的展陈。大运河博物馆的文物藏品来自首都博物馆的积累，它与传统的博物馆相比，更能体现出现代城市博物馆开放、共享的特点。

想要直观观察北京和大运河的关系，可以参观博物馆专题展出的《北京大运河揽胜图》。画卷高0.5米、长27.4米，由北京画院八位艺术家联袂创作。大运河沿途的历史文化遗产和北京的标志性建筑尽收其中，画面从白浮泉、瓮山泊（颐和园昆明湖）开始，经万寿寺、积水潭、万宁桥汇入三海，过天安门等故宫建筑群，向东到庆丰闸、八里桥、燃灯塔，再到北京城市副中心行政办公区、绿心森林公园和北京环球度假区等地，最后经过青龙湾等水利枢纽到达天津，注入大海。画卷长27.4米，也寓意着从白浮泉源头到天津入海口共274公里的地理距离。

北京大运河博物馆听上去似乎是一个专题性博物馆的名称，而事实上它是一个综合类博物馆，是首都博物馆的东馆，只是更侧重从大运河与北京关系的角度来建设博物馆、完成展陈铺排。而北京大运河讲述的故事不仅是关于京杭大运河的，也是关于京津冀协同发展的。河北香河地区曾流传这样一首小诗："君住北京城，我身在河北，同游天津卫，打通运河水。"说出了北京运河、京津冀文化上的紧密连接。

019

从幽州到大都

在谈及北京和大运河的关系时，不可规避要讲到北京城市发展和战略地位提升的故事。其中也包括辽金少数民族政权发展北京城的故事，虽然从政治上讲，这段历史并不光彩，但在历史上，从西周分封燕国开始，北京就是一个农耕文明和草原文明接洽、汉族和游牧民族融合的边塞重镇。而政权的兴衰与城市的兴衰并不是必然的对应关系。随着运河的开通、交通的便利，北京的区位优势注定了它的重要性日益提升，而这并不以王朝更迭为依据。

北京地区在汉代开始称涿郡（中心地区在现今的河北涿州），不过隋代京杭大运河的修通，扩充了北京的后援，也擢升了北京的行政地位，涿郡改幽州。

唐朝灭亡后，中原动荡。原河东节度使石敬瑭认契丹雄主耶律德光为父，借契丹的援助，建立后晋，代价就是燕云十六州及岁输布帛30万匹，成为著名的"儿皇帝"。石敬瑭称帝后，极尽卑躬屈膝之能事，屡次遣使上表，为契丹呈献燕云十六州图籍。辽太宗耶律德光故作推辞数次后，最终在石敬瑭称帝后的第三年，也就是后晋天福三年（938）接受尊号和图籍，改国号为会同，改契丹为辽，升幽州为南京，开始实行南面官制，"官分南、北，以国制治契丹，以汉制待汉人"。在以汉人为主的南京，辽代基本沿袭了中原政治制度。都城也基本沿用了唐代幽州的布局，街巷坊市的名字也几乎没有改动。

石敬瑭的割地之举对中原政权造成了深远的影响。游牧民族的疆域和实际控制领域扩展到长城沿线，此后数个中原朝代都没有能够完全收复。作为辽代的陪都"南京"和军事重地，这里长期驻有大批精锐军队。

北宋建立后，仍持续受到辽国的威胁，这里也成为进攻双方战争的前线重镇。更在靖康之变后，中原沦丧。

北宋初年，辽代女政治家萧绰一度率兵在北京地区与宋军展开会战。有学者考证，正是在这段时期，北京城开通了萧太后河。这条人工运河的兴建，使粮食物资可以源源不断地运到南京城下，为大军后勤提供了坚实保障，却也客观上促进了经济社会的发展。南京作为辽国"五京"之一，各族商人在此交易、生活，贸易十分繁荣。

京杭大运河：一路北上

北京大运河不是孤立存在的，其区位优势可以说来自京杭大运河的贯通。京杭大运河是世界上最长的人工运河，贯通于隋炀帝时期，南起余杭（杭州），北到涿郡（北京）。而大运河的开凿最早始于春秋时期。吴王夫差命人开凿邗沟，直接目的是运送军队和军粮，北伐齐国。此后陆续有运河开通，主要用于漕粮运输。

所谓漕粮运输，事实上反映了大一统的中华帝国对天下的治理。中国行政区域跨度大，从秦朝开始，历代封建王朝都面临着粮食运输的问题，也就是将征自田赋的部分粮食运往京师或其他指定地点（如军事前线等）。秦始皇北征匈奴，曾从山东沿海一带运军粮；汉代建都长安，每年都将黄河流域所征粮食运往关中，以满足首都贵族、官吏和军队的需求。这种粮食就称漕粮，漕粮的运输称漕运。

经历了魏晋南北朝的动乱，隋朝完成了南北统一，除了自东向西向长安调运粮食，还开始从长江流域北上运粮。为此，隋炀帝动员大量人力开凿通济渠，连接了黄河、淮河与长江三大水系，形成沟通南北的新的漕运通道，隋代京杭大运河北达涿郡，奠定了元代大运河的基础。隋炀帝挖掘大运河，成为王朝掘墓人，然而贯通大运河本身的作用却影响深远。

从军事上，隋唐时期完成了中原地区的统一，然而北方边境游牧民族依然是朝廷的心腹大患。大量军队驻扎在北部边境，屯田的力量远远不足以支撑大军消耗，来自江南和中原的粮饷借运河源源不断输送，使得北京地区的战略地位进一步增强，从军事战略要地涿郡上升为边境重镇幽州。

加强南北之间的交流不仅体现在军事的考量上，还体现在政治动机上。中国古代在很长一段时期内，经济重心在黄河流域，无论是经济还是文化都比南方进步。魏晋南北朝时期，社会发生了历史性变化，北方经济受到严重的冲击，南方地区从文化上日渐获得正统地位。而魏晋南北朝长期分立对峙，让大一统的政权格外重视南北地区之间的交流。

魏晋南北朝时期，门阀士族势力做大，"上品无寒门"决定了朝政力量。最典型的是"王与马，共天下"，实际上是东晋统治者司马氏依靠琅琊王氏来治理天下，而王羲之也正出自琅琊王氏。可以说，世家大族不仅在军事上形成地方力量，也垄断了朝廷的政治资源、文化资源。随着乱世走向终结，门阀不再适应社会发展的要求，大一统的中央政权成为历史的积极走向。中央统治者要在更大的范围内实行有效的治理，贯通运河就成为势在必行的举动。

总之，综合军事、经济、政治等诸多方面，运河成为统治者维护中央集权的重要工具，庞大而复杂的漕运体系逐渐建立。甚至运河的修复改道，也可以归因于政权位置变迁。元朝定都大都，京杭大运河不再绕道洛阳，而是裁弯取直，进一步修通了会通河和通惠河。运河沿线的粮食、技术、人才经由运河北上，对元朝的维护国家统一和巩固政权也起到了重要作用。通惠河让大运河进入大都城内，进一步提升了京杭大运河于大都城市建设的功能。

"漂来的北京城"

在大一统的国家中，首都的建设很难离开全国各地的支援。在北京大运河博物馆的建造过程中，特地制作了三艘大船，每艘船都有其意义：第一艘船是运粮的船，代表了大运河对物流的影响；第二艘船是客船，大运河把全中国四面八方的人才聚集到北京来；第三艘船是海船，也是最大的一艘船，象征着国际交往，以及中国对世界文明互鉴作出的重要贡献。

了解大运河历史的朋友都知道，朱棣建造紫禁城、定都北京的时候，很多木材、石料都借助京杭大运河而运到了北京，再由水路或陆路进入都城。迄今在通州有不少地名，如皇木厂、后南仓等都是运河时代的见证，并留下了"漂来的北京城"的俗语。

不过这个俗语本身并不十分准确，有两个原因。第一，北京城的建城或建都史并不源于永乐年间。北京从隋代涿郡、唐代幽州开始就是北方重镇。在辽、金少数民族政权统治时期作为陪都出现，进一步加强了城市建设。北京城作为中央政权的首都，则是从元朝开始。而房山琉璃河遗址的挖掘，更是把北京的建城（都）史拓展到了三千多年前。不过，永乐和北京城的联系自然有其特殊的意义：永乐帝朱棣建都北京，新建了作为大一统国家皇权标志的紫禁城，完整地保存至今。因此，有专家认为，与其说是大运河漂来的北京城，不如说是大运河漂来了紫禁城。

第二，作为永乐年间的帝国形象工程，紫禁城的建材也并不全是经大运河运过来的。在建造紫禁城和都城的时候，很多木石的原材料来自北京本地。大量汉白玉出自房山大石窝，精致的琉璃瓦也是在当地就近烧制。但是，有些精致的石料，如金砖以及南方深山中成长的珍贵木材，需要经由大运河北上运至北京。

首都博物馆的三次"创业"

想要了解北京大运河博物馆，还要了解它和首都博物馆之间的关系。北京大运河博物馆是首都博物馆的东馆，为副馆，且依托大运河讲述北京城的历史，立足于"城"的角色；而首都博物馆主馆更侧重首都的角色，两相辉映，形成了"一主一副""一都一城"的关系。

在首都博物馆人的口中，北京大运河博物馆的创办也被称为第三次创业。

第一次创业是在1981年，首都博物馆在孔庙成立并对外开放。实际上，在新中国成立后不久的1953年就开始筹备首都博物馆的建立了。当时还是由吴晗、郑振铎提出建设意见。在以后的25年间，项目几经波折，最终在1979年挂牌，1981年正式对外开放。首都博物馆的地址孔庙，也是全国重点文物保护单位。依托孔庙古建筑，第一代首都博物馆人解决了参观者"有的看"的问题。

第二次创业就是在2006年开馆的首都博物馆，地址在木樨地。首都博物馆本馆解决了那个时代"看得好"的问题。本馆的展览陈列以首都博物馆历年收藏和北京地区的出土文物为基本素材，同时汲取北京历史、文物、考古及相关学科的最新研究成果，因此它独具北京特色。可以说，首都博物馆本馆集结了第二代首都博物馆人的智慧,回答了"博物馆到底是什么""当时的观众对博物馆有什么样的要求"的问题。2006年前后,北京的博物馆数量还不多。首都博物馆这样一个大体量、现代化、综合性的博物馆,取得了强大的社会效益。直到现在,首都博物馆依然没有落伍,仍是国内博物馆建设学习的样本。

北京大运河博物馆的创办之所以被称为第三次创业,基于"在新时代文化繁荣的过程中怎么建一座博物馆"的问题,"共建共享"成为新馆的最大特点。共享大厅成为备受人们喜爱的开放性空间。

科技创新也是新时代博物馆的一个特点。北京大运河博物馆新建了一个被称为"文保中心"的文物保护修复中心,凝聚了大量文物保护的新科技。

有趣的是,设计文物保护中心借鉴了不少医院建设的理念:建设一个专科医院还是全科医院?经过几次讨论和论证,设计者和建设者决定,在文物受损之前就要充分考虑和研究如何保护的问题,因此要建一个兼顾保护和修复两项功能的全科医院。

文物保护中心共三层,地下一层是文物实验室,如同看病的时候先做化验,在这里要先对文物进行分析。包括在文物的修复过程中要先分析什么样的环境对文物是更好的存储环境,什么样的修复材料能够保证文物的原汁原味,保证文物本身修旧如旧。

一层和夹层分别是有机质文物修复和无机质文物修复的两个空间,相当于手术室。同时配套了很多专业的功能区。例如文物熏蒸室,好比医院里的CT室,各种功能区的目的在于充分利用科技力量保障文物修复和保护。同时在设计的过程中也充分考虑博物馆和文物自身的安全问题,这些空间安排在博物馆主体之外,从而不影响观众参观。

漫步运河岸边，感受一条河和一座城的关系，很难不令人遥想文化和文明的变迁。正是这样一条运河，连通中国的南北；也正是这样一条运河，维系了整个中华大一统国家。在这条河上建起的一座座城市，已经成为汇聚了华夏文化的精粹。从杭州、扬州、镇江到临清、沧州、天津、北京，一颗颗文化明珠汇聚构成中国大运河的画卷。而在这条运河上，古往今来的人们和人们做过的事，才是最值得去书写和歌颂的。

北京古代建筑博物馆：中轴线上，仰望星空

带着问题看正文：
作为北京古代建筑博物馆"镇馆之宝"的星空藻井，原来所在的位置是故宫吗？

●● 本馆简介 ●●

北京古代建筑博物馆坐落于明清皇家坛庙先农坛内，是收藏、研究和展示中国古代建筑历史、技艺以及先农文化的专题性博物馆。先农坛是明清两朝帝王祭祀先农神和举行亲耕典礼的地方，始建于明永乐十八年（1420），原名山川坛，大体格局形成于明嘉靖年间，清乾隆时期经历较大规模的重修。如今的先农坛北京古代建筑博物馆古建筑群主要包括拜殿、太岁殿、具服殿、神厨、宰牲亭、神仓、观耕台、"一亩三分地"、先农坛台、庆成宫等。

北京的中轴线和坛庙建筑

北京是一座历史沉淀非常厚重的城市,是体现赫赫皇家威严的历史文化名城。游览北京城可以有很多不同的文化路线,而沿中轴线两侧对称分布的皇家祭祀建筑是非常重要的祭祀文化之路。《左传》记载:"国之大事,在祀与戎。"祭祀文化对于一个历史文化名城的意义不言而喻。先农坛(北京古代建筑博物馆)就是一个起点。

先农坛存在的600年间,发生过一些显著变化。从明朝的北京城地图可以看到,先农坛原名山川坛,和天坛分属中轴线南端的东西两侧,呈对称分布。从形态来看,天坛较方,山川坛较长,山川坛南北基本和天坛平齐;从面积来讲,山川坛比天坛小一些。从山川坛到先农坛,主要经历了4个重要的历史节点:(1)明永乐十八年始建;(2)明嘉靖十年(1531)增建天神坛、地祇坛;(3)明万历四年(1576)改山川坛之名为先农坛,设置先农坛祠祭署;(4)清乾隆十九年(1754)进行了大规模改建,包括祭祀先农神的坛台——先农神坛。

天坛和先农坛都属于坛庙规制,是中轴线南端两个最重要的坛庙建筑。天坛祭天,代表了中国传统的天命观;先农坛则代表了我们农业古国祭农神的传统。

在北京,坛、庙经常一起被提及,并称坛庙建筑,例如天坛、地坛、日坛、月坛、文庙(孔庙)、武庙(关帝庙)、太庙(皇帝祖庙)等。坛庙之间有明显区别:坛是露天的台子,祭祀自然神;庙是不露天的房子,祭祀人鬼祖先。二者一起构成了中国古代的祭祀体系。

清朝时北京城有"九坛八庙"之说,其中的"九坛"分别是天坛(内含祈谷坛)、地坛、(朝)日坛、(夕)月坛、先农坛(内含太岁坛)、先蚕坛和社稷坛,"八庙"则包括太庙(供奉先祖牌位)、孔庙(供奉孔子)、历代帝王庙(祭祀历代帝王和名臣)、奉先殿(祭祀皇帝的先祖)、传心殿(皇帝御经筵前行"祭告礼"之处)、寿皇殿(帝后死后入葬前的停灵之所)、雍和宫(喇嘛庙)、堂子(清朝皇帝祭神之所)。

在先农坛这样一个历史文化古迹之上建立北京古代建筑博物馆具有重要意义。博物馆于1991年9月25日正式对外开放。其实,从20世纪80年代初开始,一些古建专家、政协委员就关注到先农坛这个地方,并开始启动保护工作。先农坛大部分是明代的建筑,而且有良好的自然环境,专家们觉得应该在这里成立一个博物馆,按照当时的说法,这是个"抬头看古建,低头看祭祀"的地方。

"抬头看古建":疏朗开阔的室外展区

先农坛的古建筑群落是珍贵的明代遗存建筑。虽然各大殿在清乾隆年间经过修缮,但是整体的建筑风格仍忠实地保留了明代甚至是明早期(永乐年间)建筑的体量和风格。在北京二环内,明代的建筑遗存并不是特别多,像这种成群的遗存更加珍贵。作为一个博物馆场所,既有如此大的体量,又有清幽的环境,尤其难得。

山川坛始建于明永乐十八年(1420),与北京城同时间建成。明初,朱元璋定都南京。永乐帝迁都后,在北京建山川坛,是效仿南京旧址。名曰山川坛,说明它是一个祭祀山川之神的场所。

所谓"抬头看古建,低头看祭祀",游客们可以从两个方面欣赏古建博物馆:一是古代建筑展及文物展示;二是先农坛古代祭祀建筑遗存,也是先农坛的室外展区，面积将近3万平方米。先农坛北京古代建筑博物馆古建筑群主要包括拜殿、太岁殿、具服殿、神厨、宰牲亭、神仓、观耕台、"一亩三分地"、先农坛台、庆成宫等，构成了明清皇家祭祀炎帝的体系。

太岁殿院落是古建博物馆中保存比较完整且非常重要的一个院落，占地面积9000多平方米。太岁殿院落，顾名思义，主殿为太岁殿，是以前祭祀太岁神的地方。院落中还包括拜殿。

太岁殿的特点是，房顶的琉璃瓦是黑色的。用琉璃瓦本身就代表这个建筑的等级非常高。琉璃瓦的不同颜色代表着建筑的不同功能。大家知道，大黄顶子是皇宫、紫禁城、十三陵等皇家专用的。天坛是蓝色的，用于祭天；祭祀先农神用的是黑色；绿色的房顶则可以在敕建的佛寺见到。这就是中国古代建筑当中的色彩文化。

太岁殿始建于明永乐十八年（1420），又叫太岁坛。明嘉靖以前，太岁、风云雷雨、山岳海渎等神灵都在此供奉，后来专门用于祭祀太岁、十二月将等自然神祇。明清时期，每到冬至、立春二节气以及遇到水旱灾害时，都要在此祭祀太岁。

拜殿前还有焚帛炉，这是坛庙建筑常见的配套设施。因为祭祀被古人认为是人神沟通的方式，人们要利用祭品进行天人交流，同时人们常说"神在天上"，祭祀后会在锦帛上书写祝词、青词，放到焚帛炉中烧掉，来自世间的祝福就顺着烟气缭绕到达天上，神仙就收到了。这也是祭祀活动的最后一个流程。

先农坛里的焚帛炉属于砖仿木结构，使用砖石材料是因为燃炉内有火。不过从外观来看，完全符合木结构建筑的特点，包括斗拱、鸱吻和仙人走兽等木建筑造型俱全，同时还以黑色琉璃瓦装饰房顶。值得一提的是，焚帛炉迄今为止没有进行过任何修复，经历过几百年的风雨，原建筑保留至今。

在先农坛的坛区中，先农坛坛台偏西。这是为什么？原来，最初山川坛是一个多神祭祀的地方，而皇帝亲自前来，主要是祭祀先农神。每次祭祀的时候，皇帝率领群臣顺着中轴线从紫禁城出来，又顺着中轴线行进。中轴线上有先农门，皇帝经过先农门到达先农坛。目前，古建博物馆铺设了新的祭祀道路，重新串联起先农门、东天门以至先农坛内坛区域，更加清晰地展示出明清皇帝在先农坛内的活动路线。

先农坛坛台的北侧正对神厨院。神厨，顾名思义就是给神做饭的地方。神厨院落也是永乐年间最早建立时就有的建筑群，是祭祀之前准备牺牲祭品及存放先农神牌位的地方。

神厨院落中有宰牲亭和井亭。在坛庙建筑中，二者必定同时存在，宰牲亭附近必有井亭。宰牲亭虽然名为"亭"，却不是亭式建筑，而是大殿式样。宰牲亭是祭祀先农坛内诸神时宰杀牺牲的地方。室内明间的正中心，有一个洗牲池，池下有排水口，可以排出宰牲过程中产生的毛、血等废弃物。宰牲亭的屋顶形式是罕见的重檐悬山顶，被称为"明代官式建筑中的孤例"。

井亭位于神厨院落门口。院门两边有两口井，井上建有亭，是保留至今的两座井亭。井亭的中间是露天的，便于雨水落入井中。在古建筑中，这种房顶叫盝顶。采用这种结构，更重要的是因为井中之水是给神制作祭品用的，所以要取自天上的水。这也让人联想起《西游记》中的"无根之水"。

古建博物馆在太岁坛做了一个原状恢复，基本是按照清末太牢的规制恢复了一个祭祀场景。所谓"牢"，是因为古代祭祀所用的牲畜被称为"牺牲"，祭祀前要先饲养于牢中，所以这类牺牲也被称为"牢"。祭祀者和祭祀对象不同，牺牲的种类也不同，如天子祭祀社稷用太牢，诸侯祭祀用少牢。牛、羊、豕（shǐ，猪）三牲全备为太牢，而少牢只有羊、豕，没有牛。《礼记》中的太牢即大牢。

宰牲亭

中国人很早就开始祭祀太岁，明代把它归入道教神。但是，先农坛祭祀的太岁和大家普遍认知的所谓"犯太岁"有所区别。先农坛祭祀的太岁是自然神，主管风雪时令，祭太岁是为了祈求风调雨顺，所以把它放在祭祀农神的山川坛。在古代，农业生产很大程度上要靠风调雨顺，所以在室外展区还可以看到很多石龛，祭祀的是全国各地的山神和水神。古人认为，把这些自然的神灵都祭好了，农业就能获得丰收，从而反映了古代农业文明中人们的最高心愿。

从"一亩三分地"到"吉亥享先农"

对于很多老百姓来说，先农坛的名字不如"一亩三分地"更响亮。

"一亩三分地"是先农坛的重要标志，这里是皇帝执行亲耕礼的籍田。明清时期，皇帝会在仲春时节选定一个吉亥日来到先农坛参加祭祀活动。首先祭祀先农，然后在具服殿稍作休息并更衣，再亲耕籍田，以显示帝王对农耕的重视。围绕天子亲耕礼和"一亩三分地"，有神仓、观耕台、具服殿、庆成宫等建筑。具服殿、观耕台和"一亩三分地"都位于太岁殿南侧。

籍田所收获的粮食是天子亲耕所得，由京城各个坛庙在祭祀的时候专用。这些粮食就保存在神仓。神仓也是收谷亭，粮食先在这里晾晒通风，然后储存到仓房。这里还有一个碾房，可以进行加工。神仓建筑上面开了气窗，用于通风换气，防止谷物发霉。神仓的彩画以土黄色为主色调，用的颜料为雄黄玉，雄黄玉含砷，实际是有毒的三硫化砷。它的功能最主要是为了防虫蛀、防鸟食，起到保护粮食的作用。神仓的房顶是蓝色的。

观耕台是皇帝观看大臣行耕耤礼的观礼台，位于籍田北侧。观耕台建于清乾隆十九年（1754），砖石结构，台高1.6米，台面19米见方，须弥座以黄绿琉璃砖砌筑，装饰精美。

观耕台北侧的大殿是具服殿，是皇帝祭祀礼毕、亲耕前的更衣之所。

庆成宫始建于明天顺二年（1458），当时称作"斋宫"，最早是打算用于皇帝祭祀前斋戒的场所，不过建成后并没有皇帝在此斋戒的记录。于是在乾隆二十年（1755）改建时，这里被改为庆成宫，作为在祭祀、亲耕等所有的仪式都完成后庆祝礼成的地方，也就是皇帝休息和犒劳随从百官茶果的地方。

"一亩三分地"的文化影响深远并被广泛引申。为什么天子亲耕之田是一亩三分，有个说法是，在中国古代，奇数一三五七九被当作阳数，皇帝为阳，但天子耕田不宜疲惫，因此取了最小的"一"和"三"，便有了一亩三分地。后来"一亩三分地"被引申到平民的日常生活当中，代表了衣食住行、个人小算盘乃至个人的势力范围。

2019年，观耕台前的"一亩三分地"恢复使用，人们得以重见明清天子的亲耕礼。皇帝会在初春占卜一个吉亥日来举行亲耕礼。据古籍记载，历代帝王于春初亥日耕籍田，这一礼仪始于西周。每年春耕开始，由天子和诸侯亲自耕田，作为天下或一国耕田之始。天子和诸侯在籍田上执耒耜劳作，称作"籍礼"。战国时期，由于战乱频发，亲耕礼仪一度中断。西汉文帝登基后，开始恢复。这一仪式也被称为"亲耕享先农"或"籍田享先农"，由于在亥日进行，又称"吉亥享先农"。乾隆帝曾作诗："吉亥将耕藉，先农致祭崇。"

为什么选择亥日祭先农？一种说法是，大部分的亥日是吉日，故有"吉亥"之说。从商周青铜器上的铭文可知，先民不仅选亥日祭祀，也常常选亥日铸鼎。《尔雅·释天》记载："（太岁）在亥，曰大渊献。""渊"和"献"应该怎么理解呢？据郝懿行《义疏》中解释，"渊，藏也；献，近也"。也就是说，亥日是万物归藏之日，有利于敬献祭物。《礼》中也记载："又据五行之说，木生于亥，以亥日祭先农，又其义也。""木"在这里暗指了庄稼。在这样的哲学指导下，"吉亥享先农"就成了定式。

很多人不知道的是，由于先农坛常常提到"一亩三分地"，给大家造成一个错觉是：先农坛里面只有这一亩三分的农田，其实并非如此。历史上的"一亩三分地"是皇帝亲耕，但是先农坛区有大量的田地，被称为"坛地"，有坛户专门进行耕种。坛地属于清朝的官地类型，免征赋税。先农坛庞大的古建筑群落在古代属于一个自收自支的单位，日常修缮也要靠坛区里的粮食生产经营来换取经费，维持运转。直到清末，先农坛的祭祀功能丧失,"一亩三分地"不再有庄稼生产。

"低头看展览":中国古代建筑文化的辉煌

中国古代建筑展是古建博物馆中最大的基本陈列,主要介绍中国传统建筑发展的历程,着重展示古代建筑的技术特点和艺术魅力。展览的虽是古建陈列,但建筑本身也是文物。因此,古建馆也有"抬头看古建,低头看展览"的说法。

中国古代建筑展的展厅,基本上是中国古代建筑发展史的序列。展陈的主要是一些古建模型以及建筑构件文物,文物比较多见的是体现古代建筑文化特色的瓦当。早期的古建模型以想象复原为主,这是因为中国传统建筑以土木为主,早期的建筑遗存相对较少,主要靠建筑构件、文献资料乃至文学篇目做的想象复原。例如根据《阿房宫赋》做的咸阳宫想象复原,搭配以出土的建筑构件,同样能让人鲜明、直观地感受到古代建筑的辉煌。咸阳宫的建筑构件包括秦代的排水管原件,出土于陕西西安临潼。通过这个排水设施,就可以想象当时成熟、科学的建筑技术。

博物馆入藏展览的最早一批几十台古建模型,是在20世纪90年代建馆之初请传统工艺匠人纯手工制作的,现在依然是珍贵的展品。建筑本身移动不了,但是人们想办法通过模型的方式进行展示,因为模型本身也呈现了非常精细化的工艺。

溜金斗拱是太岁殿展陈中值得注意的文物,它是按照1:1复制的太岁殿大殿最边角的斗拱。站在院落中抬头仰望,看上去很小,拿下来之后却相当硕大。

斗拱是中国建筑上特有的构件,是由方形的斗、升、拱、翘、昂组成。它是较大建筑物的柱与屋顶之间过渡的部分。斗拱位于檐下中缝，正好分割室内外，大体是要内外平衡的。其功能是承受上部支出的屋檐，将其重量或直接集中到柱上，或间接先纳至额枋上再转到柱上。一般来说，凡是非常重要或带纪念性的建筑物，才会有斗拱。斗拱的名称常以"踩"数命名，有三、五、七、九踩的称谓，也有不出踩的斗拱。拱的层数越多，出踩越多，斗拱也就越繁复、越隆重，所代表的等级也就越高。故宫太和殿下檐斗拱用到七踩，上檐斗拱用到九踩，九是阳数之极，也是斗拱的最高等级。

古建博物馆在建立之初，从隆福寺等地收集了不少古建文物，并邀请专家进行充分的论证研究，通过寻找一些珍贵的资料，最终加以复原。其中很多物件并没有进行过大的修缮，只是有些构件缺失，按照原状补了一些。很多建筑构件的彩画看起来仍很鲜艳，并没有进行其他处理。

展览中另有一部分为冥器。冥器出土于墓葬中，也叫随葬品。中国古人视死如生，尤其是东汉时期，贵族尤其讲究厚葬。展览展出一套出土于河南的随葬品，就呈现了一个完整的生活图景，有院子、菜地，生活用品涵盖了盘子、碗等。东汉人对死亡的认知是人到另一个世界去生活了，所以现实世界的一切都在死后继续存在。墓葬建筑正反映了古人的这种心态。

古代建筑是人类的另一部历史，它不会说话，也非文字，但其遗留物中有很多文化信息，为人类的历史留下了直接的物质证据。

镇馆之宝："隆福寺藻井"隐藏的1400颗星星

古建博物馆现存4组藻井，都是从北京隆福寺运过来的散件和残件。

其中尤为著名的是太岁殿隆福寺藻井，也称"天宫藻井""星空藻井"，被誉为"稀世国宝"，也有网友亲切地称它为"星空顶"。它是国家一级文物、中国现存明代藻井实物中的精品。

很多人会好奇藻井都是木质的吗？答案是肯定的。因为藻井本身就是古代建筑房顶的一部分，属于房顶的一体设计。藻井是房顶的内部装饰，起到标志等级的作用。藻井是一种高级的天花造型，用在殿堂的正中包括帝王宝座、佛像座之上。不过在外地也有些建筑拥有藻井，这或许是基于天高皇帝远，于礼崩乐坏的乱世，在不应该出现的地方也出现了藻井，特别是在很多戏台之上。

太岁殿内的隆福寺藻井上下共分六层，每层圆形主框架上均细雕云纹图案。宫阙里有仙人天女，表情神态极为细腻，有和善安详的，有怒目圆睁的，有颔首微笑的，有闭目养神的，惟妙惟肖。

藻井的最上方是一幅星象图，是仿唐代绘制的天文星宿图，据统计约有1400颗星星。我们甚至还可以看到它们微微发出金色的光芒。用现在的天文观测成果来进行比对，可以发现星宿的位置相当精准，反映出唐代先进的天文观测技艺，是唐代浑天说的最高水平。

这个藻井最初的位置在哪里？一般认为是置于隆福寺万善正觉殿，俗称"三宝殿"。藻井位于大殿的中心位置，下面正对释迦牟尼佛。当时的正觉殿大殿共有三口藻井，下面坐着三世佛。

隆福寺藻井来之不易。在1976年的唐山大地震中，隆福寺整个寺庙受到不同程度的破坏，当时的一些文物工作者认为这个藻井的价值很高，必须把它保护起来。于是，工作者将藻井拆除下来放在北京的西黄寺，1991年北京古代建筑博物馆建成开放，这个藻井也就被转到了博物馆，成为镇馆之宝。而这个藻井还有另外一层意义。北京隆福寺始建于明代景泰三年（1452），但是后来这座古建筑未能保留下来，1976年唐山大地震后被彻底拆除。而唯一能够见证这座古寺曾经风采的遗存，就是隆福寺藻井。

关于藻井和星宿图还有一个故事。当年在藻井拆除时，星宿图和藻井身首异处。天文星宿图被存放在北京天文馆的古观象台。后来，古建博物馆希望将藻井的样子完整展示出来，经文物部门沟通，最终来到古代建筑博物馆安家。

沧桑巨变：从公园到博物馆

作为明清时期的最高祭祀场所，先农坛随着历史的沧桑巨变，也经历了几次大的变迁。

1900年庚子国变，在八国联军入侵北京城期间，美国军队驻扎在先农坛，作为军事训练场所。翻找八国联军当时在北京拍摄的老照片，还能看到美国军队将校在先农坛的合影。

1907年，清廷停止了皇帝亲祭礼仪，先农坛作为祭祀和亲耕礼仪场所的功能消失并逐渐被废弃。

1912年，清帝逊位。1914年，先农坛外坛北部由商人承租开辟为城南游艺园；1915年，先农坛内坛开辟为先农坛公园；1918年，城南游艺园和先农坛公园合并为城南公园。作家张恨水1930年出版的小说《啼笑因缘》中，男主角樊家树住在富人区东四地区，鼓书艺人沈凤喜家住天桥贫民区，二人的约会就选在先农坛所在的城南公园。

先农坛的东南角和北京的体育事业紧密关联。20世纪30年代以前，北京还没有像样的体育场馆，大型比赛都安排在北京第四中学、北京汇文中学等地。1937年6月，先农坛外坛东南角建成了北平公共体育场，成为当时北京最大的体育场。不过，日军随即发动"七七事变"，北平沦为日占区，这个体育场并未起到它应有的作用。直到中华人民共和国成立后，这个体育场升级并更名为先农坛体育场，并沿用至今。北京市第一届人民体育大会就于1949年10月在先农坛体育场举行。在工人体育馆建成前，先农坛体育场是北京最重要的体育场，举办过许多重要赛事，例如1957年中国足球冲击世界杯的首场比赛。

总体来说，民国时期的先农坛在丧失了皇家地位之后，成为市民参观游玩的地方。由于管理跟不上，基本处于比较荒芜的状态。1949年7月，华北育才小学随党中央迁入北京，进驻先农坛，从此先农坛又具有了教学之用，从某种程度上起到了保护古代建筑的作用。

20世纪80年代，随着拨乱反正工作的全面开展，1980年5月，国务院转批国家文物局、国家建委《关于加强古建筑和文物古迹保护管理工作的请求报告》指出当时存在的问题，就包括重要古建筑被机关、部队、工厂、企业所占用，在文物保护单位和文物古迹周围修建了风貌上很不协调的新建筑，以及对古建筑"改旧创新"。

1981年4月，全国政协第八期《简报》发表《呼吁抢救先农坛内坛》的文章，引起了全社会对先农坛文物保护工作的重视。

1982年，中国开启历史文化名城保护制度，包括先农坛在内，北京文物古建的保护被提上日程。

1985年6月，单士元、郑孝燮、谢辰生、罗哲文、杜仙洲、张开济等古建筑专家，作为全国政协文化组成员与北京市政协文化组成立文物保护联合调查组，对先农坛等文物古迹进行调研，提交了《关于先农坛、卢沟桥、宛平城文物古迹保护的意见和建议》，呼吁尽快修缮先农坛古建筑群，并希望修缮后在此成立全国第一个古建筑主题的博物馆，为北京乃至全国提供一个研究交流、展示文物建筑的平台。

随后，北京市政府、市文物局采纳专家建议，成立了建馆筹备处，开始了先农坛文物保护腾退修缮工作。北京育才学校也逐渐从先农坛的古建筑区域迁出，将古建筑群移交古建馆管理。如今先农坛北大门上"北京古代建筑博物馆"的挂牌题字者也是古建专家罗哲文。罗哲文在20世纪上半期为中国营造学社成员，师从梁思成。古建博物馆的馆标、基本陈列的展标也都出自罗哲文先生之手。

古建博物馆道旁的古树，可以说是古代文物的有机组成部分。古树是活的化石，也被称为绿色文物。有了古树，更平添了几分灵气，更具生命感。北京市根据古树的年龄分挂红牌和绿牌，红牌代表一级，绿牌代表二级。红牌是树龄在300年以上的古树，绿牌是树龄在100年以上的古树。先农坛坛区里，挂牌的古树就有150多棵，跟古代建筑可以说是相得益彰。

完整的先农坛有两重坛墙。外坛墙在清朝灭亡后，一段一段地被拆除，地块也一块一块地被出租。现在的先农坛，由于外坛墙的残缺，已经无法感受到"北圆南方"的整体建筑格局。或许所有的历史建筑都会历经沧桑，经历列强入侵、国家衰落、长期战乱带来的灾难。如今再提文化复兴，这些具有历史意义的文化遗产会显得尤为重要，它们是我们无法割舍的文化底色和精神家园。

孔庙和国子监博物馆：学子的朝圣地

带着问题看正文：
孔庙中祭祀孔子的父亲吗？

●● 本馆简介 ●●

孔庙和国子监博物馆位于北京中轴线的两侧，古代孔庙也称文庙。孔庙和国子监始建于公元14世纪，历经元、明、清三代，曾经是国家的最高学府和皇帝祭孔的场所，至今已经有700多年的历史。孔庙和国子监博物馆于2008年6月14日正式对公众开放，拥有文物2000余件（套），其中石刻文物以元、明、清三代进士题名碑、清代乾隆石经著名；青铜器以清康乾年间的礼乐器为主。固定展览包括孔庙的"大成殿复原陈列展""大哉孔子展""孔庙历史沿革展"，国子监的"国子监辟雍复原陈列""国子监原状陈列展""中国古代科举展"等。

（本文是孔子第76代后人、孔庙和国子监博物馆研究部研究员孔喆和本书作者葛文婕的采访实录的整理。）

先师门凭吊：不是元代建筑的元代建筑

北京中轴线的建制有一条规则，即"左祖右社"，左边是祭祀祖先的太庙，右边是祭祀社稷的社稷坛。而在北京孔庙和国子监博物馆，也有一条中轴线，遵循"左庙右学"古制，左边为孔庙，右边为国子监。在元、明、清三代，国子监是全国管理教育的最高行政机关兼最高学府，而孔庙则是皇家祭孔之地，两者始终相伴。

孔庙与国子监始建于元代初期，两组建筑群都采取沿中轴线而建、左右对称的中国传统建筑方式，组成了一套完整、壮丽的古代建筑群。孔庙又叫文庙，或先师庙，孔庙大门也被称为"先师门"。

  文婕（以下简称文）：孔庙和国子监博物馆始建于元代，是元代建筑吗？

  孔喆（以下简称孔）：其实不算是元代的建筑，最早是元代建的。至元四年（1267），元世祖忽必烈开始规划北京城的建筑。做规划的时候就在当下这个位置规划了庙学，就是孔庙和国学（国子监）。但是一直没动工。直到至元二十四年（1287），在旁边的院子先建了一个小的国子监。后来因为国子监学生越来越多了，不够用，开始进行扩建。孔庙于元成宗大德六年（1302）开始建设，用了4年时间，于大德十年（1306）建成，而旁边的国子监扩建工程还没有完成。那个工程实在是太慢了，以至元成宗去世时还没建好。元武宗即位后，实在看不下去了。有史书说，是皇太子，其实不是，是他的弟弟皇太弟主动请缨说，这事交给我了，我来监督建造。结果就是，在元武宗即位当年就建好了。这就是孔庙和国子监博物馆的两个院。

所以说，有元代建筑风格的只有这个大门。它的斗拱是元代风格，比较粗大，比较稀疏，而明清的斗拱比较细致，也比较小。

文：孔庙和国子监是元建朝以后过了很长时间才建造完成的吗？

孔：其实属于元代前期，孔庙建成于元成宗时期，国子监建成于元武宗时期。孔庙大成门前有一块《加号诏书》碑，是大德十一年（1307）建成的。大德十一年，元成宗皇帝去世，元武宗继位后还没来得及换年号时就建成了。这是因为新帝要到第二年才开始换年号。但是作为新继位的皇帝，他迫不及待地给孔子加上了封号，叫大成至圣文宣王，这是历代大一统的国家里对孔子的封号最高的一个。

孔庙和国子监的建立经历了一个漫长的阶段。实际上，孔庙和国子监的筹划比元大都的建立还要早。史书记载，早在公元1222年，元朝灭金之前，汉族大臣王楫就向太宗窝阔台建议，灭金之后，要将金朝城南的枢密院旧址改建成宣圣庙，也就是孔庙。40多年后，公元1271年，忽必烈建立元朝，定都大都，也就是今天的北京城。负责元代新都整体规划的是汉族大臣刘秉忠，刘秉忠可以说是大元帝国的设计师，他不仅规划了元大都，也建议忽必烈将国号定为"元"，取自《易经》中"大哉乾元"。刘秉忠在规划新都城时，参考儒家经典《周礼·考工记》后，划定了庙学的位置。从那时起，孔庙和国子监就有了确切的规划位置，但是一直没有动工。又过了30多年，大德六年（1302）六月，在丞相哈喇哈斯的直接督促和指挥下，修建文宣王庙的工程正式动工。在建设孔庙的过程中，有一位汉族官员发挥了至关重要的组织管理作用，他就是工部奉正大夫贾驯。四年后，终于在大德十年，也就是公元1306年，京师孔庙在忽必烈朝规划的庙学位置上终于建成。

孔庙与国子监博物馆经历了历史的沧桑与变革。新中国成立后，国子监开设首都图书馆，孔庙则成为首都博物馆所在地。随着首都图书馆与首都博物馆社会影响的不断提高，北京市政府经慎重研究决定将二馆陆续迁出，于是空出了孔庙与国子监。2005年，孔庙与国子监修葺一新，合并成了一个博物馆，2008年经过修缮后对外开放。

孔：1981年，北京孔庙曾作为首都博物馆对外开放，1988年被列为全国重点文物保护单位，首都博物馆一直在这里办公。2005年，首都博物馆搬走。搬走后，北京市政府认为这两院应该重新合起来，因为历史上孔庙和国子监就是一体的，经动员，作为首都图书馆的国子监也搬走了。2006年，北京孔庙院落和国子监院落合并为一，成立孔庙和国子监管理处。2008年北京奥运会前夕，正式改名为孔庙和国子监博物馆。现在（采访时为冬季）是淡季，没有太多人。暑假期间，人会比较多，外面的那条马路都无法开车。现在游学比较流行，来游学的小朋友都到这边来。

文：这也说明了现在的家长特别重视孩子的教育，希望孩子能够感受一下古代至圣先师的风采。

自汉武帝"独尊儒术"以来，孔子被历代帝王尊为先师、先贤、先圣，尊号不断加封，冠以最智慧、圣贤的头衔。而北京孔庙大成门前东侧立《加号诏书》碑一座，内容为元大德十一年（1307）诏命孔子加谥为"大成至圣文宣王"，是孔子在历代所获得的最高称誉。这也是现存最早加封孔子的圣旨碑，也是现存研究元代思想、政治、文化传承的大都遗物，具有很高的史料价值。

孔：孔子在唐代的封号为文宣王，宋代的封号叫至圣文宣王，到了元代称大成至圣文宣王。碑文中记载"遣使阙里，祀以太牢"，意思是说，派遣使者到达孔子故里，以太牢的祀礼来祭祀孔子。太牢是古代帝王祭祀社稷时牛、羊、豕三牲全备，豕就是猪，这也是祭祀的最高礼仪。

后到了明嘉靖年间，皇帝把孔子从大成至圣文宣王降为至圣先师，这就是另外一个故事了。因为嘉靖皇帝本身不是上一任皇帝的孩子，而是上任皇帝的堂弟。他当了皇帝之后，想把自己的父亲放到太庙里，但是遭到大臣们的死谏，说这是不可以的。

文：这个是著名的"大礼议"之争。

孔：对。嘉靖皇帝吃了瘪之后，回头一想，孔庙里就有这么档子事。孔庙大成殿有"四配"，包括颜回、孟子、孔子的孙子孔伋，还有曾参。有人说，这几个人在大成殿里享受祭祀，而他们的父亲却只能作为孔子一般的弟子，在东西两庑。怎么能让儿子在父亲之上，享受比父亲更高规格等级的祭祀呢？这不合礼仪。嘉靖皇帝借此来打击道统，继而把孔子的封号从"大成至圣文宣王"直接降为"至圣先师"。所以，孔庙也叫"先师庙"，大成殿也改名叫"先师殿"。而现在的大成门也改名叫"庙门"。

寻常而极不寻常的三进院落

文：您原来写过一本书，是关于孔庙的建筑特点的，能不能介绍一下中华各地孔庙的建筑特色,包括历史沿革?

孔:古人很早就在学校周边设立孔庙了。我们能够查到的最早资料是在东晋。有一个著名的人物叫石崇,就是斗富的那个人。有一次他和朋友去国学,路过了孔堂,就是纪念孔子的一个场所。他看到墙上画着颜回的画像,就很感慨地说,如果有一天我的画像也能画在这面墙上就没有什么遗憾了。因此,我们就可以判断,在那个年代就有了孔子的祭奠场所。石崇于公元300年被杀,那么这个建筑应该在公元300年之前就已经存在了。所以推测,古代中国在级别大致相当于国子监的学校建有孔子庙,始于公元300年之前。

后来,历代的孔庙都有些变化。北齐时,国家发布政令,所有在郡这一等级的郡学里一定要建孔颜庙,就是祭祀孔子和颜回的庙宇。这是最早由国家下达的政令。

然后是唐贞观四年(630),唐太宗下令,全国所有的州学、县学都要建孔庙。太宗去世后,唐高宗继位的第一年,他专门下诏说,先皇曾经让每一个州学、县学都建孔庙,我知道有个地方没建,希望大家不要懈怠,还要把这事继续做下去。唐玄宗给孔子的封号叫作文宣王。那时候,所有的孔庙就都改名叫文宣王庙。

宋代时,孔子的封号叫至圣文宣王。因为字太多,所以一般简称孔庙为"宣圣庙"。宋代的建筑特色和唐代就有所区别。唐代建筑比较简单,就是一个庙门、一个大殿,殿也比较小,只有三间。唐代诗人罗隐曾经写过一首诗,是关于安史之乱后孔庙的破败状:"九仞萧墙堆瓦砾,三间茅殿走狐狸。"就是说孔庙的殿已经破败了,里面来回跑狐狸、黄鼠狼。到了宋代,孔庙增加了两庑,因为宋代祭祀的人物增加了。宋代以前,一个殿就能摆开,供奉的人物只是孔子和他著名的弟子。宋代以后，祭祀的人物摆不开了，得建两庑。接着就是元代，基本上就是现在北京孔庙这种主体的建筑。

明嘉靖皇帝重新规制了孔庙四殿，并且增建了启圣祠，把孔子的先祖单独放在后面祭祀，变成了三座院子，基本形成了现在的这个格局。

清代的整体格局没有太大的变化，又多了12座碑亭。所谓碑亭，人们此前在孔庙立碑一般是记录重修孔庙之事，比如遭遇雷火、兵荒马乱后有什么损毁，修完之后会专门立一块碑作为见证。但是清代的特殊之处在于，人们在这个碑上记载的事情更多了。比如，平定准噶尔的叛乱，这种比较重要的国家大事都要向孔子汇报。清代共增建了12座碑亭。清代的另外一个改变是扩建。明代大成殿是7间，说的是面阔为7间。清光绪三十三年（1907），升孔庙的孔子祭祀为大祀，同祭天、祭地一个等级。大成殿由面阔7间变成了面阔9间。

文：我在想，可能唐朝的时候，孔庙稍微简单一点儿，也是因为唐朝比较尚武，刚刚完成国家统一。宋朝是一个特别重文的朝代，而且有很多大儒出现，所以增加了两庑。

孔：孔庙在宋朝还有个独特的地方，就是建了很多和孔子不相关的纪念性祠堂建筑。比如南方有些孔庙建了纪念范仲淹的祠堂。

文：因为范仲淹本来就是宋朝人吗？

孔：有纪念范仲淹的，有纪念周敦颐的，有纪念朱熹的，有纪念程颐、程颢的，就是当代的大儒。这是宋朝特有的一种建筑。

文：从元朝开始到明清时期，帝王对于孔庙的重视程度其实是有增无减的。所以，这种政治性的事件也会向孔庙汇报。

文：大成殿前面有很多柏树，这些柏树最早是什么时候种植的？

孔：最早的一棵柏树，传说是北京国子监第一代祭酒、元代的许衡种的。

文：那是一三零几年，到现在为止已经有700多年的历史了。

孔：还有一个传说，就是明代奸相严嵩。有一次，皇帝派他来祭孔，古代皇帝祭孔有很多方式，比如有的皇帝会自己来，叫作亲祭；有的会派重要官员来祭，叫作遣官致祭。那年，就是派严嵩到孔庙来祭祀，结果刚走到大成殿前面这个树底下的时候，突然狂风大作，伸出的这个树枝就把他的乌纱帽给挑下去了。严嵩是奸相，所以人们认为这树有辨别忠奸的功能。其实，严嵩也在国子监做过祭酒，也就是校长。

文：咱们看这棵树，它的树干和树枝看着就有虬龙的感觉。

孔：对，年代比较久远，树干也特别粗，呈现出来的状态还是非常有灵气的。

孔庙院落分为三进，步入先师门，进入孔庙的第一进院，是皇帝祭孔前筹备各项事宜的场所。最重要的文物是矗立着198块碑刻的碑林，记录着元、明、清三个朝代共5万多名进士的姓名、籍贯和录取名次。孔庙碑林见证了三代的科举取士制度，也是一部石刻的功名簿。

孔：我们这个碑林，叫作进士题名碑，古代科举考中进士的人都会把自己的名字、籍贯和考取名次刻在碑上。原来是礼部出资，因为礼部负责考试，考完之后，礼部出钱，把名字刻在碑上。到清后期，国家没钱，最后一科是所有考中的进士凑钱刻了一块碑。

文：从元代到清代科举制结束，是不是所有进士的名字都可以找到？

孔：原来有几块碑是元代的，但在明代，人们图省事，就把元代碑上的字磨去了，直接刻上他们这一科的进士。现存的元代碑只有三块。另外，我们知道，明代从永乐皇帝才定都北京，那时候叫京师。永乐皇帝之前的进士题名碑也不在这里。迁都之后，一直到最后一科，全在这里。

文：它的意义非常显著！我们看到左右两边都有碑，右边是清代，左边是明代吗？

孔：这个摆得特别乱。想要区分明清进士碑，可以看碑首，就是最上面的装饰。上面没有刻龙、花纹，相对简单的，是明朝碑。

人们常说，八股取士造成了很多"书呆子"，民间甚至有"百无一用是书生"的说法。但是，科举取士事实上从民间选拔了大量优秀卓越的人才。明代中期的科举制度历经不断改革，整个体系已经达到登峰造极的程度。读书人首先要通过县、府两次考试，成为童生；童生经过在府、州学院每年一度的院试，成为生员，俗称秀才；秀才经过三年一次的乡试（省里举行），成为举人。乡试在八月举行，也称"秋闱"。读书人在成为举人之后就正式跻身士绅阶层，这也是科举制乃至古代地方统治秩序的关键环节。举人在乡试后的次年二月参加会试，通过后成为进士。会试在京城举行，由礼部举办，又称"春闱"或"礼闱"。殿试是科举的最后一级考试，会试通过者接受天子的"面试"，就可以正式排定名次。其中，第一甲共三名，就是通俗所说的状元、榜眼、探花，赐进士及第。

第二甲若干人，赐进士出身。第三甲若干人，赐同进士出身。

碑林中不乏历史名人。明代著名大臣于谦，是明永乐十九年（1421）辛丑科第三甲第九十二名，也就是当年的最后一名。于谦会试时本考中第一，却因为殿试策论时针砭时弊触怒皇帝，被降至榜末。1449年"土木之变"中，明英宗兵败被俘，蒙古大军直抵北京城下。在国家危亡之际，于谦挺身而出，率军民在德胜门外恶战一场，击退敌军，保住了北京城，成为民族英雄。后来被复位的明英宗所杀。于谦最著名的一首诗《石灰吟》写道："千锤万凿出深山，烈火焚烧若等闲。粉骨碎身浑不怕，要留清白在人间。"

明朝首辅张居正，就是科举取士的卓越代表。他在嘉靖二十六年（1547）丁未科进士榜中，位列第二甲第九名，时年仅23岁。张居正随后入翰林院，一路升迁，最终在万历初年担任内阁首辅并主持万历新政，推行"一条鞭法"进行财税改革，充实国库，被后人称为"为晚明续命50年"。值得一提的是，这年的进士榜也是人才大爆发的一科。第一甲第一名进士及第（俗称状元）的李春芳，第二甲第十一名的杨继盛、第二十名的徐光启、第八十名的王世贞，第三甲第一百九十七名的殷正茂，都是在历史上留下浓墨重彩的人物。

孔庙碑林中还可以看到明代大奸臣严嵩的名字。严嵩是弘治十八年（1505）乙丑科第二甲第二名，曾把持大明朝政21年。孔庙第二进院落中的"触奸柏"，就是因其柏枝刷掉了严嵩的乌纱帽而著称。

清朝时的汉族人仍然依靠科举取士获得功名，而贵族子弟往往无须科举就能获得官职。但其中也有凭借科举进入仕途的。清朝大臣麻勒吉是正黄旗人，顺治九年（1652）壬辰科状元，他也是清朝第一位满人状元。西城区平安里有个麻状元胡同，即因麻勒吉居所而得名。

步入大成门，进入第二进院落是孔庙的中心。大成门，又叫庙门，古时又称戟门，因门内左右列戟而得名。庙门左右两侧各立了12枚戟，总共是24枚戟，是宋朝时立下的制度。因为天子才能用24枚戟，所以这个时候把孔子抬到和天子一样高的礼仪等级。博物馆复原后，在门内列戟24把，彰显出孔庙的庄重和威严。

第二进院落的主建筑大成殿是孔庙的主体建筑，也是国家祭祀孔子举行典礼的场所。大成殿始建于大德六年（1302），明永乐九年（1411）重建，清光绪三十二年（1906）扩建。殿中供奉孔子"大成至圣文宣王"木牌位，神位两边设有配享的"四配十二哲"牌位。大殿内外高悬清康熙至宣统九位皇帝的御匾，是皇帝亲书的对孔子的四字赞语"万世师表"。"四配"供奉复圣颜回、宗圣曾参、述圣孔伋、亚圣孟轲。十二哲包括子路、子贡等十一位孔门优秀弟子，以及宋代大儒朱熹。

孔：大成殿的问世是在宋朝。当时由皇帝亲自题写"大成殿"三字赐给山东曲阜的孔庙，全国各地孔庙的正殿都开始命名为大成殿。嘉靖九年（1530），皇帝把大成殿改名先师殿，这个名字就一直沿用下来，直到乾隆三十三年（1768），乾隆皇帝下令重新恢复了大成殿的名字。

文：殿上的匾额"万世师表"是谁题写的？

孔：匾额原来挂在殿内，后来我们把它移出来了。这也是皇帝给孔庙大成殿写的最早一个匾，就是清代的康熙皇帝。自康熙以后，清代的每一任皇帝都会给大成殿题一块匾。我们可以算一下，康熙、雍正、乾隆、嘉庆、道光、咸丰、同治、光绪、宣统，一共9块匾。中华民国的第二任大总统黎元洪后来也题了一块匾，叫"天下大同"，并要把这块匾挂在大成殿，替换掉清代皇帝题的匾，放在大成殿后殿。当然这也算是因祸得福，这几块匾后来就没有被毁掉，而是得以保存。

这几块匾其实是挺有说头的事，因为在全国各地的孔庙中，只有北京孔庙大成殿的匾和山东曲阜孔庙大成殿的匾是皇家内务府做的。皇帝写完字之后交给内务府，由内务府做出两块匾，一块颁给北京孔庙大成殿，一块颁给山东曲阜孔庙大成殿。剩下的就是由各地的孔庙自行按字刻匾。

山东曲阜大成殿的匾在"文化大革命"中被烧掉了，所以等再开放的时候，就只能到北京孔庙大成殿找没有被毁掉的匾，重新再做。

如今我们看到的"万世师表"匾额，原来是挂在殿内，后来因为内殿挂不开了，所以就挂在了外头。

文："大成殿"匾额下方就是"万世师表"匾，我们今天来到孔庙还能看到真是不容易。

孔：这块匾其实是复制品，因为原匾作为文物放在库房里了。这种匾比较容易受到自然环境的侵蚀，损坏得比较快。

关于大成殿中"大成"这两个字，孟子曾说"孔子之谓集大成"，意思就是孔子是古代文化的保护者、传承者和整理者，所以叫"集大成者"。历代皇帝也因此把"大成"这两字作为孔子的主要封号。

第三进院落为崇圣祠，是祭祀孔子五代先祖的家庙。由崇圣门、崇圣殿和东西配殿组成独立完整的院落，与前二进院落分割明显而又过渡自然，也反映出古人在建筑部局上的巧妙构思。

孔：第三进院落是祭祀孔子五代先祖的家庙。如今已经改成展演"大成礼乐"的展厅，作为文化展演的一个场所。如今我们推崇孔子，说他是集古代文化之大成者，就是"大成礼乐"的名称来源。礼和乐，是中国古代特有的两种教化方式。"礼"是向公众传播的内容，包括社会基本的秩序、制度；"乐"是形式，我们要用乐的形式，把"礼"所包含的道德进行传播，相比单纯的说教，不失为更好的办法。

现在我们整理出来的、进行展演的大成礼乐，包括《诗经》的一部分内容，比如《关雎》等；有的是从《论语》摘出来的，像"有朋自远方来，不亦乐乎"，北京2008年奥运会开幕式也是以此为主题；还有《礼记·礼运·大同篇》。总体来讲，就是孔子及其生活的时代的文化内容用乐舞的方式进行展示。每天都会在固定的时间段进行展演，每次演出时长为10分钟以内。

文：除了大成礼乐，平时有什么展览吗？

孔：现在的固定展览主要分为两类。一类是陈列展览，像北京孔庙历史沿革展、中国古代科举展、中国古代官德文化展等。另一类是原状复原。大成殿的复原陈列，就是把传统大成殿内部的情形陈列给大家看。还有一部分，是国子监的辟雍复原。

文：孔庙的特殊之处就在于，它既是教育，也是政治文化的场所。我们现在主要提它是一个文化场所。

孔：对，孔庙这个院子虽然说没有太多和教育相关的故事，但它本身就是中国古代重视平民教育的体现。

文：孔庙和国子监博物馆的文化含义，其实是有关平民的。孔庙祭祀的孔子，本人是一个平民，在配殿里供奉的弟子也都是平民出身，换句话说，是咱老百姓自己的故事。

孔：有件事情特别有意思。中国百家姓中有四姓被称为"通天谱"，意思是普天之下只有一套家谱，就是孔、孟、曾、颜。四姓的祖先分别追溯到孔丘（孔子）、孟轲（孟子）、曾参、颜回四大圣贤。这四家的家谱中给族人所排的字辈或者叫行辈完全一样。这件看起来好像与国家、民族无关的事情，却表现了中华民族对人伦秩序的重视以及家国天下情怀。山东曲阜的孔府诗礼堂贴着一张清乾隆九年（1744）二月十七日的告示，是乾隆皇帝赐给孔府30个字作为派行字辈，凡孔氏家族都要遵照这30个字行辈取名，不能自取，否则不准入家谱。

文：您为什么没有按辈分来排呢？只有两个字？

孔：我出生在20世纪70年代，和我同龄的很多孔氏族人基本上都没有取中间那个辈字，似乎是在刻意避讳什么。那个年代算是比较特殊的一个情况。

文：20世纪七八十年代，包括我的同学，很多人的名字都是两个字。可能也是体现出来一个时代的潮流，取名的潮流。那么按辈分说，您是哪个？

孔：我是令字辈，就是命令的令。我们的辈字，昭宪庆繁祥、令德维垂佑，现在孔氏的族长在台湾，名叫孔垂长。所谓族长，通俗来说，就是嫡长子的嫡长孙的意思。

文：现在的族长是垂字辈的。

孔：辈字是和经济有关系的。一般来看，家族越富有，辈字就会越低。因为家族越富有，结婚就会越早，会越早有下一代。像我们当年，越往农村越大辈，往往比我们都高三四辈。但是特别富有的，像我上小学时候，同一班里辈分能差到十辈之多，简直不能想象。当时我们班里最低的一个辈是佑字辈，是第八十辈。最大的昭字辈，是第七十一代嫡孙，就在一个班。

文：这可能是当时的一个特点。另一个特点是现在住在城市里的人晚婚晚育，然而在乡村，可能很早就结婚生孩子了。它是我们这个时代经济发展的缩影，反映在辈字上也很明显。

国子监

孔庙边上就是国子监。国子监是元、明、清三代国家设立的最高学府和教育行政管理机构，又称太学、国学。国子监也是我国现存唯一一所古代中央办公大学建筑。国子监的主体建筑在经历700多年后依然保存完好，是唯一保存完整的古代最高学府校址。国子监以其悠久的历史、独特的建筑风貌、深厚的文化内涵而闻名于世。

国子监的第一任祭酒是元代著名理学家许衡，当时有学生200多人。国子监不仅接纳全国各族的学生，还接纳外国的留学生，为培养国内各民族人才、促进中外文化交流曾起到积极的作用。

国子监大门为集贤门，东墙通过持敬门与孔庙相通。

孔：持敬门，就是秉持的"持"，尊敬的"敬"。持敬门的意思，是说它是连接孔庙和国子监的一个门，在国子监上学的学生如果要到孔庙去，就要经过这个门，经过的时候要秉持着尊敬的心情。

对面叫退省门,就是你上了一天的课,在回去的时候要想想今天都学了什么,在这里都干了什么。

文:也就是《论语》里说的"每日三省吾身"。

孔:国子监的二门叫太学门,是一个大型的琉璃牌坊,它是北京唯一一座专门为教育而设立的牌坊。正反两面横额均为皇帝御题,是中国古代崇文重教的象征。还有一座为皇帝来国子监讲学而专门建的建筑,叫辟雍。这是统治者重视教育的最好的一个见证。

辟(璧)雍,是乾隆四十八年(1783)增建的建筑。辟雍作为建筑规制,早在西周时就已经出现了,是周天子为教育贵族子弟设立的学校。据学者陈梦家考据铭文得知,西周时期辟雍的大体形制是一个圆形的大水池,中心有圜丘形状的高台,学宫就建在圜丘的高台上。辟雍不仅有水,还有鸟兽集居;不仅是贵族子弟的学习之处,还是周天子以及诸侯贵族举行祭祀活动、习射乐舞之地,可知其地位十分尊贵。

文:我觉得在其他国家可能很少有像孔子这样的一个人物出现。可能也有,但不像孔子的影响这么大、这么深远。

孔:它其实也是一种历史的选择。儒家学说有一个特点,它从来不是一个封闭的、排外的学说,是一个非常有包容性的学说。儒家思想推崇的是仁,就是仁义的仁。儒家思想基本上是以仁为内核,然后在这个内核之上,你可以去接收别的文化,或者是别的文明类型。在这个内核上,以仁的方式进行呈现,进行运作。

文:所以这就是儒学为什么能从公元前一直延续到现在的最重

要的原因。

孔：在孔庙与国子监之间夹道的这间屋里放着乾隆石经，也叫清代十三经碑。共计189座。

文：十三经，就是儒家的13部经典著作。《周易》《尚书》《诗经》《论语》《孟子》等都属于十三经之列。

孔：原来这个碑是放在国子监东西六场里的，后来因为搬迁就搬出来了。在它作为首都图书馆藏书和阅览用的时候，就都给搬出来了。

文：这些经还都编上了码。

孔：对，是为了好查找。

文：也是为了安全考虑吗？别少了一块。

孔：基本没人搬得动，因为太沉了。蒋衡是一个书法家，他耗费了很多年，把儒家的经典用蝇头小楷写下来了。后来刻在了石头上，这属于国家的行为，是乾隆皇帝下令要刻的。换作今天来说就是范本。

古代书籍的刊行可能会有很多不一样的版本，字也不一样，所以，乾隆皇帝就说这个就是官方的标准版本。而且古代没有现代社会这么方便的数字化出版，为了防止私人刻印出现错误，就刻在石头上。

文：刻在石头上的是最重要的东西。

孔：但实际上更重要的是显示自己的实力和能力，其实成本非常高。最重要的东西，才会用。有一本书叫《蒋湘帆先生写经图》，介绍了他是江苏金坛的一个贡生，也在国子监上过学，他到了关中（就在现在的西安）去看古碑，看到了唐朝的开成石经。可能受到开成石经的影响，他觉得大清朝也应该有一部这样的东西。于是就开始自己写经书，用了12年的时间写成。在乾隆五十六年（1791）的时候，他的孙子为了纪念他父亲，就专门做了一个看着特别像寿星的老人。

文：这就是清代文人画的样子。

孔：咱们看到很多人画郑板桥，大概也是这样。

文：这个十三经也是重要的一个馆藏文物了？

孔：对。

石经，是中国古代刻于石碑上的儒家或佛教经典。中国可考见其文字的，以西汉平帝年间的熹平石经为最早。唐朝在西安所刻的《开成石经》对后世影响很大，迄今仍存于西安碑林中。清朝雍正年间，书法家蒋衡游历长安，见《开成石经》众手杂书，深以为憾，决心自书一部十三经。于是，从雍正四年（1726）到乾隆二年（1737），历时12年，完成了这部63万字的经文手书，字体工整，一丝不苟。乾隆五年（1740），由江南河道总督高斌将蒋衡手稿转献朝廷，收藏于故宫。乾隆五十六年（1791），钦命和珅、王杰为总裁，彭元瑞、刘墉为副裁，负责考订蒋书经文，并动工刻石。乾隆五十九年（1794），碑刻成，立于太学, 同时以墨拓本颁行各省。

大钟寺古钟博物馆：六百岁的永乐大钟

带着问题看正文：
大钟寺古钟博物馆是先有古钟还是先有博物馆？

●● 本馆简介 ●●

大钟寺古钟博物馆位于北三环海淀区，又名大钟寺，原名觉生寺，始建于清朝雍正年间，乾隆以后成为皇家祈雨之地。1984年11月，北京市政府批准成立大钟寺古钟博物馆。1985年10月5日，博物馆对外开放。博物馆的馆舍由觉生寺、古建筑群和现代仿古建筑组成。博物馆镇馆之宝为国宝级文物明代永乐大钟，馆藏还包含宋元时期数十口古钟等重点文物。

"功大者为钟"

大钟寺（觉生寺）在清朝是皇家祈雨的一个重要场所，民国时期是北京著名的庙会举办地之一，清雍正十一年（1733）修建。雍正皇帝是清朝前期比较有作为的君主之一，他信奉佛教，并根据自己对佛法的理解，认为佛陀与众生不过是教化的区别，"以无觉之觉，觉不生之生，所谓觉生也"。他希望天下百姓都能够觉醒，于是为寺庙取名觉生寺。乾隆八年（1743），乾隆帝将位于万寿寺的永乐大钟移到觉生寺安放，于是，民间开始将觉生寺称为大钟寺。

大钟寺坐北朝南，由南往北依次为山门、钟鼓楼、天王殿、大雄宝殿、后殿、藏经楼、大钟楼和东西翼楼。另外，还有钟楼和6座配庑分布在两侧。

大钟楼是寺内独具特色的核心建筑，它矗立在一座巨大的青石砌成的台基上。整个钟楼上圆下方，象征天圆地方。青石台基上砌有八角形的散音池，在它的作用下，当人们敲击大钟的时候，方圆百余里都可以听到醇厚古雅的钟声。大钟寺的名字也来源于大钟楼。

大钟楼内高悬永乐大钟。但是人们刚一踏入钟阁，迎面撞见的不是钟，而是青灰色的"钟壁"。这口钟太大了，填满了阁楼上下两层，余下的空间仅容旋身，想窥到大钟全貌非常困难。大钟通高6.75米，相当于2—3层的楼房高；口径3.3米，需要六七个成年人才能合抱；重量达到46吨，相当于六到七头成年大象。钟身上铸有佛教的经咒铭文，有汉文、梵文两种文字，共计23万余字。其中汉文为楷书，是明初馆阁体书法艺术代表作。

永乐大钟的钟体、内壁、外壁、口沿等部位都刻有铭文，包括《诸

难以一窥全貌的永乐大钟

佛世尊如来菩萨尊者神僧名经》《妙法莲华经》《金刚般若波罗蜜经》等100多种，堪称世界第一。更为难得的是，经过工作人员研究，这些铭文没有一点儿瑕疵，没有一处错字。可以试想，在今天让我们书写23万字的内容，谁都不敢保证不出错误，而钟上的铭文是铸造出来的。这些都体现了我国古代劳动人民的工匠精神。

永乐大钟上铸有永乐皇帝的"十二惟愿"，表达了永乐皇帝"大明永一统"的理想追求。"惟愿如来阐教宗，惟愿大发慈悲念，惟愿皇图万世隆，惟愿国泰民安乐，惟愿时丰五谷登，惟愿人人尽忠孝，惟愿华夷一文轨，惟愿治世常太平，惟愿人民登寿域，惟愿灾难悉消除，惟愿盗贼自殄绝，惟愿和气作祯祥"。这其中蕴含有维护国家统一、民族团结、社会稳定和谋求人民生活幸福的理念，在今天仍具有重要的现实意义。

铸造这样一件硕大无比的"钟中之王"，费工、费钱、费料，而且除了偶尔满足听觉感官，没有任何实用功效。但正所谓"盛世铸钟"，这口巨钟的铸造年代，适逢国力强盛，下令铸造它的人又位居至尊。这个人，就是明永乐皇帝——朱棣。

朱棣为什么要建这口"钟中之王"呢？

朱棣通过靖难之役取得了皇位，他最早是在应天（今南京）称帝，年号为永乐。后迁都北京。或许是他在这场争夺皇位的战争中杀了许多人，内心惶惶不安，因此就想通过诵经文来求得心灵的慰藉。

也有人认为，朱棣把靖难之役和定鼎北京看作自己的伟业，此后才有了"天子守国门"的美誉。明太祖"祖训"要求，明朝"不和亲、不赔款、不割地、不纳贡"。而在永乐年间，国力达到了顶峰。为了昭此功德，朱棣按照"惟功大者钟大"的说法，下令铸造一口举世闻名的大钟。

当然，以上这些说法和推测都是传说，关于永乐大钟铸造的原因和具体年份，暂时还没有发现确切的文献记载。

在铸钟的同时，郑和的庞大船队已经第二次在西洋中扬帆航行。印度洋遥远的季风也扇起了铸炉熊熊的火焰。不知道这硕大钟体的第一次撞击是否由永乐帝亲自来完成，但那直干青云的铋铋不绝，确实是朱棣期盼已久的"强国之音"。而在过去的几百年里，大钟在正式的文献中被记载为"华严钟"或"景云钟"。但民间习惯称它"永乐大钟"，也是对那个强盛时代的追忆。

文献中记载，永乐大钟声闻数十里，可谓奇观。永乐大钟声音优雅感人，音色极为优美，也是一口频率极为丰富的低音大钟。在现代高楼林立、城市噪声日益增加的条件下，如果撞击永乐大钟，虽然大钟楼内的最大声压级可达到120分贝以上，但是钟声有效传播距离不超过500米。如此大的反差，也反映了声音传播环境变化的结果。

很多朋友热衷于讨论永乐大钟的钟声，这是因为永乐大钟能够发出厚重、深沉、祥和、悠扬和震撼人心的声音，被称为"轻击圆润、重击醇厚"。这种效果其实是源自科学与艺术的完美结合。

首先，永乐大钟的金属成分构成是它的良好音质的基础。铸钟的金属合金比例对大钟的音质有着极大的影响。科学实践证明，使用含铜量为80%，含硒量为16%，含铅量大约为2.2%的青铜合金来铸造铜钟，合金强度和硬度是比较适中的。这样既有利于熔化浇铸，也有利于振动发声。1992年，中国航空航天部金属材料研究所对永乐大钟的金属成分进行了分析，检测结果与上述比例是完全符合的。

其次，永乐大钟高6.75米，重达46吨，厚度平均只有100毫米左右。而且，永乐大钟的钟壁上下各处不一样厚，中腰部位的厚度是94毫米，而钟口部位的厚度大约达到了185毫米，这样不同厚度的各个部位会产生相应的频率振动，发出不同的声音。而这众多的分音汇集，就像一首雄伟的交响曲。

根据中国科学院声学研究所专家们进行的测量分析，我们得到了钟声所包含的频率，最低的固有频率是16赫兹，永乐大钟的固有频率非常丰富。而人耳可以听到从50多赫兹到200多赫兹之间的分音，其中一些重要的分音与现代音乐中的标准音高是相对应的。所以，永乐大钟的钟声听起来悦耳和谐，而且声音有大小起伏的节奏变化。古文献中所记载的永乐大钟的钟声是"其声铉铉，时远时近"，就是记载了拍频变化给人们带来的听觉感受。

最后，永乐大钟的正下方是一个直径4米、深0.7米的八角形地坑。它不仅仅是方便人们仰视大钟内壁，最重要的是具有为钟声散音的功能，与现代舞台前乐池的声学作用异曲同工。

以上种种优势，方才造就了永乐大钟举世无双的完美音质。

永乐大钟是世界铸造史上的奇迹，在科学发达的今天也难以实现。它代表了永乐皇帝对强盛的大一统帝国的追求以及江山永固的梦想，然而从1403年永乐帝迁都北京，到1644年崇祯帝煤山自尽，也不过200多年的历史。

永乐大钟的"三迁"

46吨重的永乐大钟，在其600年的历史中曾经搬过三次家。

永乐大钟的生产地址在明代北京城中钟鼓楼西北方的一个铸钟厂，这里还保有铸钟胡同的地名。

关于铸钟，民间流传过一个故事。据说钟鼓楼已经建成，明成祖朱棣为了保证皇城内可以听到洪远的钟声，下令在三个月之内铸成一口硕大无比的大钟。如果到期钟未铸成，就将工匠全部处斩。当时科技不发达，时间又紧迫，铸成这样一口大钟谈何容易？三个月期限临近，铸钟首领华严看着翻滚的铜水，多次取样均未达标，不由得心急如焚。

这时，他的女儿华仙前来送饭。她见大家心情低落，便问原因。华严回答："未能在限期内完成铸钟，大家恐怕性命不保。"有工匠插话道："听说古有以身为引铸龙泉宝剑的故事，铸钟恐怕也许缺少'灵性'吧！"华仙思忖片刻后，将食盒交给父亲，就纵身跳入熔炉中。霎时，炉火冲天，铜水升腾。华严忍痛大喊："浇铸！"工匠们一鼓作气，大钟乃成。

明成祖对铸成的大钟十分满意，所有工匠也因此保住了性命。人们为纪念华仙，在钟楼附近修建一座铸钟娘娘庙。古钟博物馆内藏有一块石匾，刻有"金炉圣母铸钟娘娘庙"九个楷书大字，20世纪80年代，文物工作者在铸钟胡同发现了此石匾，还有一种说法是石匾征集于北京德胜门城楼附近的居民区。

永乐大钟大约于1420年铸成，但是出于种种原因，它并没有被安置在已经修好的钟楼内供日常使用，而是一直存放在汉经厂。钟楼内则悬挂另一无字大铜钟，这一大铜钟镌有"大明永乐年"字样，铸造于明永乐十八年（1420），是中国迄今为止发现最重的铜钟。

大钟的第一个家：汉经厂。

汉经厂位于景山公园东北方向，是明代内府专门印制汉文佛经的场所。从铸钟厂到汉经厂大约3公里。永乐大钟在铸钟厂完成铸钟，而汉经厂则负责印制经文。永乐大钟由于具有独特的政治意义，没有运往钟楼，在铸成后一直存放在汉经厂。

大钟的第二个家：万寿寺。

明万历年间，李太后崇信佛教。万历皇帝为讨母亲欢心，在西直门外为母亲修建了规模宏大的万寿寺，将永乐大钟搬到此地存放，并悬挂在一座方形的钟楼内，每天安排6名僧人敲击。当时的文人蒋一葵在《长安客话》中写道："昼夜撞击，声闻数十里，其声竑竑，时远时近，有异他钟。"天启年间，民间出现"帝里白虎分不宜鸣钟者"的说法，意思是，京城的西方鸣钟不吉利，明熹宗朱由校害怕灾难临头，再次把大钟卸了下来，放在地上。永乐大钟从此不再鸣响。

大钟的第三个家：觉生寺。

清雍正十一年（1733），雍正帝下令敕建觉生寺。当时和硕庄亲王允禄写了一道"移钟奏折"，上书雍正皇帝，说想在觉生寺藏经楼之后另建一楼悬挂永乐大钟，从五行角度有利于稳定。但是直到乾隆八年（1743），大钟楼才建成，永乐大钟正式从万寿寺搬到觉生寺，悬挂在大钟楼内。

据文献记载，这次搬迁发生在数九寒天，沿途凿井取水制成"冰路"，动用了大量的人力、畜力，历时数月才迁移到位。拥有永乐大钟的觉生寺，在清中后期一直担负着一项特殊的使命——供奉皇帝祈雨。

明清时期人口大量增长，而且蝗灾、旱灾、水灾不断增加。祈祷农业丰收、风调雨顺，成为统治者的重要职责。每当京都及京畿周边地区民生艰难，皇帝都会率领文武百官到一些特定的地点进行祈雨。首选是天坛，其次就是觉生寺。文献记载，乾隆皇帝在《大藏经》中翻到《大云轮请雨经》，于是命人在觉生寺西边搭祭坛祈雨，一举应验。乾隆五十二年（1787），乾隆正式下旨辟大钟寺为祈雨场所。从此，永乐大钟除逢年过节外，"非祈雨不鸣"。每当遇上久旱无雨之年，皇帝便亲自赴大钟寺拈香祈雨。皇帝不来时，则由皇亲国戚轮流代替，直到清末。

乾隆至光绪年间，觉生寺一直承担着皇家祈雨的功能。乾隆、嘉庆、道光、咸丰、光绪都曾亲自到觉生寺主持祈雨仪式，次数多达240余次。祈雨地点并不在寺庙之内，而是在寺庙的西墙外举行。光绪年间有记载说，祈雨的地方俗称九龙岗，因为那里"地稍高而土常润，相传为龙脊发现之地"，所以祈雨灵验。

民国时期的北京地图尚有九龙岗记载，地点在寺庙以西、现在北三环西路以北、大泥湾和小泥湾社区以东、翠宫饭店以南的区域之中，但具体位置还有待进一步考证。

觉生寺的祈雨仪式相比天坛仪式有所简化。觉生寺皇家祈雨的形式主要分三种，祈雨仪式从易到难依次为：拈香祈雨、祭坛祈雨、迎牌祈雨。拈香祈雨更常发生，天子亲临觉生寺拈香祈雨，一般要持续数十天。在此期间，亲王贵戚轮流拈香守护，一直到开坛祈雨，皇帝、亲王、郡王、贝勒、贝子齐聚，祷告天降甘霖。履行一系列的祭天仪式之后，敲动大钟楼中的永乐大钟108下，宣告礼成。

"钟磬清心"：中国的古钟文化

中国古钟文化源远流长，距今有6000年的历史。钟起源于新石器时代的陶铃。中国古钟主要分为两大类。一类是先秦时期的乐钟，也就是奏乐之钟，起源于夏代，成形于殷商，兴盛于春秋和战国时期。《太平御览》记载："凡金为乐器有六，皆钟之类也。"它们比较明显的特征是横截面呈合瓦形。编钟就是比较典型的乐钟。另一类是魏晋南北朝以后，出现了一种横截面为正圆形的钟体，一般被称为梵钟。悬挂在寺庙中的叫佛钟，在道观中的叫道钟。此外，还有上朝时使用的朝钟、城市报时用的更钟以及坛庙里用来祭祀的坛庙钟等。

古钟是中华民族宝贵的历史文化遗产，是中国古代文化发展的一个见证。钟是古代礼器的一种，在人们心中也有着崇高、公正、贤明的象征意义。伟大的爱国诗人屈原就有"黄钟毁弃，瓦釜雷鸣"的著名诗句。钟不仅是一种文化、一种思想，更是一种精神的象征。

作为乐器，有编钟；作为法器，晨钟暮鼓是佛寺的写照；作为礼器，有钟鼓齐鸣，钟上面的文字还被称为钟鼎文；作为政治符号，"惟功大者钟大"。钟，如丰碑一样。作为文学意象，"钟磬清心"则代表了中国人的节操。

大钟寺古钟博物馆里藏有各类藏品，一共是727件套，其中一级文物有6件套，尤其是以馆藏的国宝级文物永乐大钟最为珍贵；二级文物有15件套；三级文物有218件套。在观音殿"质器庄严"展厅，展览有几十口形状各异、不同年代的古钟。

（一）仁王院铜钟

在北京大钟寺古钟博物馆的展厅里，陈列着一口北宋熙宁十年（1077）铸成的仁王院铜钟，高约1.6米，重达1.4吨。它是20世纪80年代初由山东运往大钟寺保管的。经专家考证，为山东菏泽郓城观音寺古钟。

这口钟原本可以定为国家一级文物，可惜由于底口有一道较大的裂缝，自下而上渐渐隐入上部钟体，后定为国家二级文物。钟体铭文写道："大宋熙宁十年丁巳岁三月七日丁巳朔。仁王院铸钟功德主僧守道建，住持赐紫守宪。"钟体另有两条验讫题记，一条是"郓城县验讫"，另一条是"大定六年九月郓城县验讫"。

钟体铭文和题记有三组关键词。第一,"仁王院"。仁王院是宋朝时期规模较大佛寺的内院,也有的佛寺直接命名为仁王院(寺)。仁王可镇护国家,因此与朝廷关系密切,政治意义显著。护国仁王院(寺)由朝廷敕建和供奉。海淀白石桥附近曾有元代大护国仁王寺,可惜如今已经不见踪迹。

第二,"守道""守宪""赐紫"。铸钟的负责人为高僧守道,住持守宪还因铸钟享受"赐紫"的待遇。唐宋时期,三品以上官员服紫色,五品以上服绯色(大红色),有时官品不及而皇帝推恩特赐,准许服紫或服绯以示尊宠,被称为"赐紫"或"赐绯"。除官员外,僧人也会受赐紫袈裟,代表北宋统治者对佛教的推崇。

第三,"大定""验讫"。大定六年(1166)为金代。"验讫"是用于接受某物时的标记。

结合整体的造型、纹饰,推测仁王院铜钟于北宋熙宁十年(1077)由汴梁城内大佛寺仁王院所铸。北宋灭亡后,汴梁大批珍贵文物被转移或挪用他处。这口钟则在金代大定六年被迁移到山东郓城。20世纪50年代,古钟被转移到县城侯家祠堂县文化馆的办公地。1958年全民大炼钢铁运动时,被当作可回收的金属上交。后由文物部门转移到古钟博物馆收藏。

(二)元代更钟

元代更钟高达2.1米,重达2吨,是元代用于城市报时的大铜钟。中国古典小说中常看到二更、三更的说法,它是古代一种独特的计时方法。更钟则是中国古代城市中向公众统一报时的钟,悬挂在钟楼之上。

根据文献可知，汉魏时期已开始出现更钟。先民们没有机械表和电子钟，采用的是流沙或流水计时法，一天共分12个时辰。每到规定的时辰就会敲响大钟，为全城的人们报时。梵钟出现以后，更钟借用了梵钟的形制，改良了钟声。

许多古都、古镇等古代城市中心建有钟楼或者钟鼓楼，用撞钟、击鼓等方式来报更。有些地方还专门安排更夫夜里在大街小巷巡回，向居民报告时间。

北京的中轴线上也建有钟楼，用来向全城的百姓报时。乾隆以前，北京的钟鼓楼就是全城报时的地方，它的基本特征是每天日中正午时鸣钟，夜间报更5次，直到寅时天亮。乾隆年间改为只在夜里报两次更，也就是定更（一更，19点—21点）和亮更（五更，3点—5点），先击鼓后撞钟。击鼓时讲究有节奏的变化，也就是所谓的"紧十八，慢十八，不紧不慢又十八"。每次击鼓到最后，要停歇一下，让钟楼的更夫做好准备。紧接着，钟声开始响起。撞钟的次数与击鼓的次数是相同的，也是"紧十八，慢十八，不紧不慢又十八"。这样，钟声、鼓声合起来正好是108下。

关于108的数字，古人也有考究。明代学者郎瑛在《七修类稿》中说："叩一百八声者，一岁之意也。盖年有十二月、二十四气、七十二候（每五日为一候），正得此数。"佛教还认为，敲108下即可以消除人的108种烦恼。

古代虽然没有钟表，但是通过铜漏计时、更鼓定时、更钟报时，为文武百官上朝和百姓的生息劳作、生活起居提供了时间参考。

清代另有一种计时的物件，叫时辰香。为盘旋状，经过精确计算的刻度上悬挂小球，下接铜盘。当香烧到某一时辰，球就会掉入铜盘中报时，提醒鼓手击鼓。

计时是古代帝国礼制的组成部分。清朝灭亡后，民国时期仿照英国对皇室实行的优待政策，逊帝溥仪依然被允许住在紫禁城中，维持着小朝廷的格局，钟鼓楼的功能得以延续。直到1924年，溥仪被冯玉祥赶出了紫禁城，钟鼓楼的报时工作最终被停止。

（三）乾隆朝钟

乾隆朝钟专为彰显朝廷威仪而铸，造型精美。钟高约2.5米，重达约3吨。钟钮为双龙头蒲牢纽，两龙身相互交缠。钟体没有任何铭文，中间供牌上也没有铸字，不过有磨挫过的痕迹。

它的最大特点在于，钟裙雕刻有飞龙，钟唇处则铸有八个乾卦，合在一起即为"乾隆"之意。

乾隆朝钟的纹饰延续了清早期传统的云纹、海水纹、龙纹等样式，装饰手法则用了高浮雕技法。朝钟的钟壁共22个云纹方阵，每个方阵中雕刻有一条立体五爪金龙，造型威武强健、神态威猛，体现了王者之气、天子之相。乾隆朝钟不仅是朝廷和皇帝所专有的神圣法器，更是古代帝王法权威严的一种象征。曾悬挂于午门。

从庙宇到博物馆：沧桑巨变

觉生寺作为皇家祈雨的场所，一直延续到清朝末年。在清朝中后期到民国时期，因为交通便利，并且距离城区不远，逐渐发展成北京著名的一个庙会场所。《北京寺庙历史资料》中记载，觉生寺庙会于每年正月初一到十五举办。清代的《燕京岁时记》中记载："十日之内，游人坌集,士女如云。长安少年多驰骤车马以为乐,超尘逐电,劳瘁不辞。一骑之费,有贵至数百金者。"可以看出,当时的大钟寺周围十分空旷,游人在这里可以从事各种娱乐和贸易活动,甚至可以进行赛车和赛马。

觉生寺曾先后在民国十八年(1929)、民国二十五年(1936)向北平市公安局和社会局进行寺庙登记,获得礼佛执照。在这一时期,根据政府的要求,学生司利用庙产开办过一些公益文化事业,还曾被中央农事试验场(华北农事试验场)开辟为农田。在新中国成立后隶属国家农业科学部。直到今天,我们在北三环联想桥东南角还可以看到这样一大片实验田,现在归属于中国农科院。从庙会到学校、农田的变迁,代表了庙宇经济变化的具体案例,也是当时社会变革的一个缩影。

1957年,大钟寺被公布为北京市第一批文物保护单位,但在20世纪六七十年代变成了厂房。

1985年10月,国家拨专款重修大钟寺,创立了大钟寺古钟博物馆。整个博物馆依托觉生寺、古建筑群和现代仿古建筑组成,以全新的面貌向全社会开放,成为一座具有古钟文化特色的专题性博物馆。1996年12月,觉生寺被国务院公布为第四批全国重点文物保护单位。

北京自来水博物馆：浴火而生，饮水思源

带着问题看正文：
北京人饮用的自来水中占比最多的水源是下列的哪一项？
A.密云水库　　　　　　　B.官厅水库
C.南水北调的水　　　　　D.天上降落的雨水

•• 本馆简介 ••

北京自来水博物馆成立于2000年，属于工业遗址型的博物馆。它占了京城博物馆界的两个"第一"：它是在京城历史上第一座水厂，也就是东直门水厂旧址上修建的；同时，它是北京第一座由企业（北京自来水集团）自筹资金建成的博物馆。目前，博物馆分为科普馆、通史馆、印章展和清末自来水厂旧址4个展示区。博物馆通过与自来水有关的藏品、照片、模型和沙盘，全方位反映了北京自来水一百多年的发展历史。

生命之水:"从源头到龙头"

北京自来水博物馆所在的清代自来水厂旧址,位于东城区香河园路3号。这也是北京的第一座水厂,始建于清光绪三十四年,也就是公元1908年。旧址如今保存良好,展示了清末民初时期北京自来水厂的水处理工艺流程和厂区风貌,遗址包括来水亭、蒸汽机房、清水池、东直门水厂办公旧址、更楼等8座建筑。

如今博物馆的大牌楼是按照清代自来水厂办公旧址的大门仿造的,并进行同比例放大,符合清代西洋楼样式的建筑风格。

博物馆一楼大厅中首先映入眼帘的是博物馆的主浮雕,主题为"生命之源"。从形式来看,主浮雕为一双手,有一滴水从手缝流下。从浮雕的内容来看,手代表了人类,水从手指缝中流下,落到代表大地的五色土中,表示水滋润万物。手的上方有一只展翅欲飞的凤凰,代表着首都北京的生命无限。四边可以看到有代表性的北京老建筑,如前门、角楼等,还可以看到各种各样的动物如鱼、兔子、马、羊,还有树林、花等。浮雕主要反映了水和世间万物之间的关系。

虽以博物馆命名,不过自来水博物馆内的科普馆体现出强大的科技实力,并吸引众多中小学生前往学习。借助声、光、电等科技手段,展示了整个地球上的水资源概况,特别是全国及北京市的水资源状况;展示北京自来水的制水工艺流程:从水源地取水、输水到净水、水质检测,一直到输送到千家万户,以及科学用水的知识。

水是怎么来的?到现在也没有一个准确的说法,其中富有启发性的一个观点是:生命和水相辅相成。没有水,自然没有生命;而没有生命,地球也就会像一个普通的行星一样,水会被蒸发而不复存在。关于水的出处，主流的说法则包括两种，一种是原生说，认为水来自地球本身；另一种是外星说，认为是外星的陨石撞击形成了水。水的出处到底在哪里？这也是科学家们一直在争论的话题，迄今仍然是一个未解之谜。

自然水具有三种自然形态，分别是水蒸气、液态水和冰。水和水体是两个不同的概念，水本身是纯净物，不含杂质；而像海水、湖泊、河流等都属于水体。

此外，水本身还自带有文化特性。北京有五大水系，包括永定河、蓟运河、大清河、北运河、潮白河，它们孕育和哺育了北京的生命和文化。

从1999年开始，北京的地下水呈现超采状态，地下水位逐年下降。直到2014年南水北调工程启动，南水进京后，北京的地下水位才开始逐渐回升。密云水库的蓄水量也在不断变化，从2005年开始逐渐上升，而在2014年有了大幅度的飙升。这也说明，南水进京对北京不论是地表水还是地下水，都有很大的益处。

科普馆还展示了北京的水源分布图。目前，北京的自来水水源共有20余处，首先是区域内的一些地表水库，如密云水库、怀柔水库；其次是西郊一带以及潮白河的地下水；再次就是外调的水源，主要是指南水中线，也就是南水北调的中线工程水源，来自丹江口水库。此外，在2008年北京奥运会期间，河北的四座水库也曾供应北京，作为奥运会的补充水源。而南水水源，目前已经占到了北京自来水水源的70%左右。

科普馆展示了北京自来水集团地表水的制水工艺，动画形象的名字叫"媛媛"，意思为原水。"媛媛"来自河流，身上布满了各种颜色的斑点，代表水中的杂质。其中，红色的是有机物，黄色的是胶体，绿色的是微生物，白色的是无机物，这些都是原水状态含有的物质。北京的地表水制水工艺共十步，主要有水源地预处理，投加粉面、活性炭等，消除基础杂质，进入净水厂。

净水厂原始处理。首先是加混凝剂。水中的胶体和混凝剂发生絮凝反应，形成絮状的沉淀，祛除"媛媛"身上的斑点。其次是沉淀，这些絮状体会因为自身的重力沉淀到池底。接下来就是过滤，通过煤滤层和沙滤层两个基础滤层可以进一步除掉"媛媛"身上的杂质、胶体和一部分微生物。

深度处理。深度处理工艺可以使水质变得更好。处理手段简单来说一是臭氧的氧化，二是活性炭吸附。从而吸附水中的一些异味和杂质，使自来水的口感更好。

膜处理。对自来水进行膜处理，可以大大提高水的循环使用率。每一根膜丝的孔径相当于一根头发丝的千分之一，可以截留水中非常细小的微生物。

最后一步是在水中加入消毒剂——次氯酸钠。

经过以上的处理工作，水中的杂质基本去除干净。"媛媛"也会从满身的斑点到干干净净地成为合格的自来水。

北京不同地方的水喝起来口感不一样，这是什么原因导致的呢？事实上，虽然市政的自来水大管网是贯通的，但是为了优化调配效率，会就近调用。例如，有的地方离地下水源地更近，饮用的就是地下水；有的离地表水更近一些，就会调配地表水。二者在水质方面还是稍有一些区别的，地下水的钙镁离子会使水的硬度稍大。

"浴火而生"

北京自来水博物馆的通史馆中展出大量珍贵的文物、图片及场景复原，展现了一个多世纪以来北京自来水事业的发展历程以及自来水业为首都城市建设与发展所做的重要贡献。

北京1908年开始修建自来水厂，市民在两年后开始饮用自来水。但是水厂的建立初衷，并不是为居民提供饮用水，却是"因火而得"，当初建造它的首要原因是用于灭火。

1908年的北京城，火情接连不断，只能依靠井水灭火，效率极低。因此，农工商部大臣上奏折，建议在京师兴建自来水厂。这份请建自来水厂的奏折立即获得了批准。经过近两年的艰辛努力，北京市第一座水厂——东直门水厂于1910年2月建成，3月正式向北京城区供水。

东直门自来水厂由德国设计师设计、中国工匠建造，建筑外形有明显的欧式特征；而在修建过程中，中国工匠又融入了许多中国传统建筑的元素，使之成为中西建筑文化融合的代表。

东直门自来水厂建筑的典型遗存是来水亭。来水亭用于接收当时的地表水源孙河河水，并对原水进行沉淀消毒。来水亭的墙体采用当地传统建筑材料青砖砌筑，表层使用红砖做了纹饰装饰。建筑是穹形圆顶造型，受欧洲古典主义建筑的影响，同时有中国古代传统建筑宝鼎的痕迹，属于中国近代建筑中中西融合发展的代表。

来水亭在历史上曾有过两次大型的修缮工作。第一次是在1949年，在顶部外层加装了一个铁箍，为防止整体建筑的歪裂。第二次是在1986年，将来水亭整体自上而下拆除，把缺损的部件替换后，再按原样重新修缮。

北京人对于自来水的态度变化在历史上也是一则趣闻。由于自来水是舶来品，进入北京之后，百姓并没有立刻认可。于是，公司通过发布白话文广告的形式，普及一些自来水的知识。这就是最早的自来水广告。

档案记载，很多广告是由自来水厂的创始人周学熙亲自撰写的。

周学熙祖籍是安徽省建德县（今东至县），1900年成为直隶总督。他游走于官场、实业两途。当时的实业界有"南张北周"一说，"南张"说的是晚清状元张謇，"北周"就是指北方实业家代表周学熙。周学熙还是著名的收藏家、教育家，他曾创办了中国第二所近代大学——山东大学堂（山东大学的前身），并担任首任校长。1908年，时年42岁的周学熙奉旨进京，筹办京师自来水股份有限公司。

当时的老百姓不接受自来水，还有一个是感官方面的原因。自来水从水塔进入管线，打到水桶之后就会产生一些白色的气泡，呈现一种浑浊状态，主要是由汲水的压力导致的。实际上将水静置一会儿，白色气泡自然就消失了。但是老百姓不理解，叫它洋胰子水，也就是肥皂水，不敢用。公司发布白话文广告，也是在辟谣，打消老百姓的疑虑，鼓励大家使用自来水。

东直门自来水厂旧址作为北京自来水的发源地，记录了老北京人难以忘怀的生活经历。它承载着真实完整的、具有时代感的历史信息，帮助人们追溯自来水业艰难起步、创业发展、勤力拓业的发展历程，让现在和以后的一代代人更好地了解那一时期人们饮水用水的历史。

饮用自来水：近现代文明的向前一步

虽然北京的自来水事业是"浴火而生"，是出于消防的考虑兴办了自来水事业，但是在公司筹备和早期运营时期已经考虑到了民众的饮水需求。

宣统二年农历二月初十（1910年3月20日）这天，北京城的水龙头中流出第一股自来水，京师自来水股份有限公司正式向北京市民卖水。

北京的老百姓向近现代文明跨进了一步。

市民向公司购买"水筹"，就是水票，凭水票就近到有水龙头的地方买水。当时规定，每张水票取水一百磅，相当于90斤水。老百姓使用一枚铜圆可以买4张水票，相当于一挑水。

自来水在发售时有三种形式。第一种是老百姓购买水票，凭票取水。家里有劳动力的，一般自己到公用水站挑水。而家里没有劳动力的，公司会雇用水夫按时按点地去给家里送水。第二种叫特别水票。水价比照普通定价八折出售，是专为清扫道路、消防而设的水，类似于今天的中水。第三种是引管道入户。一些大户人家可以把自来水引到自己家的院子里面，靠水表计量。管道入户成本费用较高。博物馆中展出了一些进口水表，最早使用的是德国西门子水表，后来还使用过日本的爱知水表、金门水表。

博物馆展柜中还展出了当时使用的水牌，钉在平房院的门牌号旁边。水夫根据水牌上的数字，定时定量送水。

这里就涉及当时新兴的行业：水夫。水夫上岗前，要遵循具有现代特征的用工程序：水夫先立保证书，找一个商号进行担保，缴纳押金，经过一两个月的试用期，才能成为正式的水夫。除了工资和饭食补贴，如果每月售水能突破一定的限额，另有奖赏作为激励。

通史馆中还展出了一些曾经为自来水行业立下过汗马功劳的设备。最早的听漏仪就是其中之一，它有点像听诊器，一边放在耳朵上，一边放在水管上，通过聆听声音变化来判断水管是否有漏水的情况。这就是一种技术工种了，如果是非常熟练的优秀工人，连听诊器也不用，把一根铁管一头放在耳朵上，一头放到水管上，就能够听出来管道有没有漏水。

2018年，为庆祝自来水公司成立110周年，博物馆创办了一个印章展，后来就成为博物馆的常设展览。印章展使用水厂历史上曾经使用过的333枚印章，串联起100多年的问世历史，记录了北京自来水事业从无到有的过程。

通过印章，可以清晰看到公司不同时期的名称和机构沿革。早期的印章非常丰富多样，形制、规模、大小、材质、样式，包括上面雕刻的文字都是不一样的。例如，自来水公司的第一枚印章，也是规制最高的镇馆之宝——"奏办京师自来水有限公司之关防"，由纯铜制成，重约515克，印面长11厘米，宽7厘米，通高13厘米，当时递交政府的文书、面向公众的公告上都会盖有这枚印章。此外，还有公司首任总理的花押印章、具有防伪标记的股票骑缝章，以及长和宽只有1.2厘米的"北平自来水有限公司董事会"印章等。

1908年建设之初的自来水公司全称为京师自来水股份有限公司。北洋政府时期改成了北京自来水股份有限公司，国民政府时期称北平自来水股份有限公司，日本侵占北平并接管自来水公司之后，改成了自来水管理局。抗日战争胜利后，国民政府重新接管自来水公司，改成了自来水管理处，后来又重新命名为自来水公司。由此可见，自来水是最重要的民生事业，不管在哪一个时期，每一个政府都对它尤为重视。

消失的孙河

北京自来水的第一处水源，正是如今已经消失不见的孙河。

文献记载，孙河来源于京北的沙河和京西的清河，二河交汇于清河营，然后流向北京城，再向东南流入通州北运河。而从清河营到北运河这一段，当时被称为孙河。

孙河从地势高的西北向地势低的东南滚滚而来，虽夏季时有山洪暴发，夹带大量泥沙，但在春、秋、冬三季，水质相对清洁，适合饮用。另外，孙河两岸多为麦田，水源很少受到污染，且水质清甜。于是选定在孙河取水，建净水池、水泵房。从孙河水厂到东直门水厂的来水亭，用两根全长14300米、口径400毫米的钢管连接。

自来水公司在创办初期就重视对水源的保护。从1907年开始，陆军部奏请在清河上游兴办溥利呢革公司。为防止污染水源，自来水公司呈文农工商部，经过交涉，溥利呢革公司在厂址后方设计修建了暗渠排污，防止水源污染。

1942年，因为孙河水量不足，水质恶化，孙河取水厂停用。北京自来水厂彼时已经使用地下水，就是聚水井。北京探索使用地下水作为水源始于1937年。这一时期，孙河水位急剧下降，水质不再像原来那样好，而且运送的成本有所升高。公司开始考虑在东直门水厂附近打井，就地取用地下水作为水源。

自来水厂聚水井遗迹，是位于西北角高台上的一座圆形建筑物，建于1940年。时值北京大旱，为了提升供水能力，取地下水作为补充水源。当时，在自来水厂附近共打了五口井，五口井的水源在这里汇集，消毒后送入清水池。这些井的井盖、井锁都是铜质的，至今保存完好。博物馆展厅中有一张照片反映了当时聚水井出水的情况，北京地下水在当时还很充沛。

历史上，北京人也打井饮用地下水。但过去是自打土井，取用浅层地下水，水质较差。清朝晚期曾有统计，在1885年北京内外城有土井1245眼，以苦水井为多，百姓饮水条件艰苦。而由自来水厂打的聚水井则取水较深。第一号水源井具体位置已经不可考，但是井碑"第一号水源井"得以保留，由时任经理傅增湘题写。傅增湘是民国时期的教育总长，是一位有名的教育家、收藏家。但很少有人知道，他还曾经短暂担任过自来水厂的经理。

今昔对比，北京的自来水业有了巨大的发展。北京最早只有孙河一处地表水，现在有20多处。也许很多人会说，北京有这么多处水源，好像不缺水啊。实际上，正是因为每一处水源的水量都很少，所以才东拼西凑，寻找了这么多的水源。水源越多，越会导致水质的复杂化，进而对水处理工艺提出了更高的标准，因为不同的水质要采取不同的方法去处理。

另外从距离来看，从清末到现在的取水距离越来越远了。孙河取水距离只有20多公里。相比之下，1988年建成的密云水库，取水距离达到了75公里。2008年北京奥运会前夕，南水北调工程尚未完成，奥运会有巨大的用水缺口，石家庄和保定下辖的岗南、黄壁庄、王快、西大洋四座水库为北京紧急供水3亿立方米，取水距离达到了310公里。如今使用的南水来自湖北丹江口水库，距离北京1277公里。

所以，拧开水龙头虽然轻松，但是水资源却是真的来之不易。

自来水管和开国大典的故事

新中国成立后的1949年到1978年，是北京自来水业的快速发展时期。而伴随新中国的诞生，自来水厂发生过一个富有传奇色彩的故事。工人师傅利用自来水管服务开国大典，是怎么回事呢？原来，天安门广场上升起新中国第一面五星红旗的旗杆，实际上是由自来水厂的工人用自来水管焊接而成的。

当时，之所以选用水管来焊接旗杆，是因为刚刚解放，工业这一部分还是空白的，很难找到能够作为旗杆的材料。周总理指示时任建设局技术负责人的林致远来承担这项任务。时间紧，任务重，总工会想到，自来水公司的水管是空心的，比较轻便而且结实，并且容易加工。最后选用了4节不同口径的水管，下边粗、上面细，套接成功。这根旗杆的高度是22.5米，在天安门广场矗立了42年。自来水水管能在开国大典派上用场，充分反映了劳动人民的智慧。如今，这根旗杆被保存在中国国家博物馆。

新中国成立后，自来水行业的发展主要表现在两个方面。一是增建水厂。1949年到1978年，北京市新建立的水厂包括第二到第七水厂，还有郊区的长辛店水厂、南口水厂、通州水厂等。二是扩充管网。展厅中有一张珍贵的老照片，反映的是人民大会堂的建设时期，因为要把自来水引进去，需要在门前铺设地下水管，场面十分狼藉，非常少见。

那时的老百姓依然是采用购买水票、凭票取水的形式。电影《龙须沟》里有一幕，成疯子后来成为水站的售水员。它所反映的历史是，1949年龙须沟地区作为第一批四个实验地区，安装了公用水站，拉开了普及供水的序幕。那时的给水是定时定点，水龙头在固定时间开放，居民要拿着水票排队来打水。

1967年的数据显示，北京城区的用水普及率达到99.96%。但是，百姓吃水还是需要肩挑手提，有的甚至到百米之外的街巷站去接水。从1973年开始，自来水公司陆续将公用水站分期分批改装接到各户院内。一直到20世纪80年代，才真正实现大批的自来水进入百姓的院子里，当时被称为"水站进院"，三环路以内的居民不出院就能喝到自来水了。

20世纪80年代后期的北京四合院（大杂院），往往几户人共用一个水龙头。天热的时候，男孩子拧开水龙头，对着水管子就喝水。北京的冬天天气比较冷，有人会在头天晚上把阀门关上，把水放空了，防止冻住；还有人会用草绳或破棉被把水管整个包起来。水龙头冻上了，要拿开水化开。这也正是关于自来水的时代故事和集体记忆。

进入20世纪90年代，公寓楼开始逐渐推广，而自来水也随之进入每家每户。农村地区也开始通上了家用的自来水，饮水再也不会成为老百姓日常生活的难题了。

水本身带有很强的文化内涵，如中国哲学中讲"上善若水"，民俗中的水文化常讲两点，一是饮水思源，二是节约用水。特别是节约用水，可以说是北京人乃至全体中国人深入心底的思想。从1994年起，水利部将每年的3月22日到28日定为"中国水周"，还将每年5月的第二周作为城市节约用水宣传周。这些举动无不提醒我们要爱护地球，节约用水，保护环境，共同建设生态文明。

北京工艺美术博物馆：国礼之礼

带着问题看正文：
是不是只有送给外国国家元首的礼物才叫国礼？

●● 本馆简介 ●●

北京工艺美术博物馆创建于1987年，隶属于北京工美集团有限责任公司，是全国第一家由企业创建的专业性工艺美术博物馆。博物馆分为珍宝馆、临展区、销售区、社教宣讲多功能厅等区域，建筑面积5000平方米，馆藏历代工艺美术珍精品3000余件，许多作品曾长期陈列在中南海、人民大会堂、天安门贵宾厅。在20多类馆藏珍品中，尤以北京近现代传统工艺美术"四大名旦"——牙雕、玉雕、景泰蓝、雕漆为主。

工艺美术"四大名旦"

  北京工艺美术博物馆可以说是北京工美事业发展的见证者。博物馆的藏品包含了北京元明清以来的宫廷技艺与民间工艺两大领域，尤其是近现代工艺美术精品的收藏独树一帜，特别是中华人民共和国成立以后的藏品，有不少堪称绝品、国宝。

  北京工艺美术的优势也在于它的历史传承。北京的工艺美术始于中国古代元明清三朝的宫廷艺术。元朝统治疆域极大，几乎整个欧亚大陆的优秀工匠都集中在北京，因此诞生了文化融合最为典型，也最经典的艺术形式——景泰蓝。景泰蓝是元朝时期从阿拉伯地区传到中国来的，到现在有600多年的历史。元朝后期又问世了玉雕、牙雕，也是由中央政府把全国各地优秀的工匠调到北京来，从而形成了宫廷技术特别鼎盛的时期。明清时设有造办处，有专门给皇帝和宫廷服务的内务府造办处、养心殿造办处等。从审美艺术，尤其是从工艺水平上来说，这里都是全国最好的。

  清朝末年，特别是清朝灭亡后，造办处的工匠师傅流落到民间谋生，北京繁荣的市民经济和达官贵人对文化艺术作品的偏爱，让民间美术工艺也迅速发展起来。凭借高超的技艺，很多人开起商号，这就形成了北京工美集团的前身。20世纪50年代，北京进行公私合营改制，很多个体户、私营业主组合在一起，构成了集体所有制的工厂，后来合并为工美集团。许多优秀的老艺人、工匠的技术传承至今。

  值得一提的是工美集团旗下工美研究院的前身——北京工艺美术研究所，它最辉煌的时候有一二百人，旗下有很多老艺人相当于现在的国家级工艺美术大师，像潘秉衡、杨士惠等，当时跟徐悲鸿、齐白石、林徽因、梁思成都是好朋友。这些文化大家会过来跟他们交流，并开笔会之类。基于这一历史，北京的工艺美术更符合大国形象，它能够代表我们国家最高的技艺水准。

北京工艺美术有"四大名旦"的概念，是借鉴了京剧"四大名旦"的说法，代表着北京工艺美术的4种工艺——牙雕、雕漆、景泰蓝、玉雕，都有相应代表作藏于北京工艺美术博物馆中。"四大名旦"同时也是燕京八绝中的4种。"燕京八绝"的其他4种包括花丝镶嵌、京绣、金漆镶嵌和宫毯，代表着北京工艺美术的顶峰。

从工艺美术老匠人与文化名人之间的紧密联系不难看出，民间工艺美术的题材受到很强的传统文化影响。从题材来看，道家和儒家故事是工艺美术重要的主题。在博物馆中可以看到玉雕的孔子、老子等。例如，孔子玉雕表现了他一生中的几个重要场景，包括孔子向老子问道、杏坛讲学等。

老子玉雕上刻有松树、龙，表现的是孔子曾形容老子"神龙见首不见尾"；雕刻的场景诸如西出函谷关、向孔子传道授业等，表现了老子一生中比较重要的故事。

民间工艺美术多反映北京中上阶层的生活审美。例如，有玉雕表现北京传统风景"燕京八景"。所谓燕京八景，是明清时期8个为人津津乐道的景点，既体现自然美，也被赋予了人文之美。它们分别是：春季可赏的琼岛春阴、蓟门烟树，夏季的居庸叠翠、玉泉趵突，秋季的太液秋风，冬季的西山晴雪（也有说"晴雪"是反映初春的杏花），以及观日落之美的金台夕照和赏月之美的卢沟晓月。

为纪念新中国成立60周年，北京工美集团巨制雕漆《鼎盛中华》、牙雕《九州欢腾》等四件作品作为大庆献礼，现被存放在北京工艺美术博物馆中，成为名副其实的"镇馆之宝"。其中，牙雕《九州欢腾》以中国的30处世界文化遗产为背景，雕刻有56个民族欢歌载舞的场景，由工艺美术大师李春珂历时两年零十个月制作完成。为制作这枚牙雕，工美集团甄选了一根长达2米、具有百年历史的工美库存象牙原料，最终成品用料近160公斤。

牙雕《九州欢腾》右部

漆器《鼎盛中华》的造型采用世界第一青铜大鼎后母戊为原型，以传统的雕漆工艺表现。用了半年的时间，经过240多道刷漆工序，在1.2厘米厚度的漆面上进行手工雕刻。它的制作者殷秀云大师想要将油画《开国大典》的画面刻在鼎上，这个想法还曾遭到专家反对，他们觉得要做这么多人物，雕漆不可能完成。而殷秀云还想试一试，于是她买了所有能买到的开国大典人物的传记书，她抓准人物的眼睛、鼻子、眉毛，先描出来，用橡皮泥做，再用雕蜡雕刻，最后才在雕漆板上雕刻，其中的困难不言而喻。《鼎盛中华》的周围装点有和平鸽、牡丹，另一面有长江、黄河，代表了新中国的60年辉煌历史。

漆器《鼎盛中华》

雕漆，在北京工艺美术中具有独特地位。顾名思义，就是在漆器上进行雕刻，迄今至少有1400余年历史。雕漆工艺需要用天然漆料在胎上涂抹一定厚度，再用刀雕刻出花纹。雕漆工艺需要经过画图、制漆、髹漆、雕刻和打磨等百余道工序手工完成，每道工序都依赖时间的沉淀，因此也被称为"时间的艺术"。工艺美术匠人的精神由此可见一斑。

见证"双奥之城"魅力的"北京奥运徽宝"

北京工艺美术博物馆中有很多藏品，是北京举办大型活动或进行表彰的礼品。

由北京工美集团设计制作的"北京奥运徽宝"，是2008年北京奥运会会徽"中国印·舞动的北京"的载体印章。印章代表着诚信，也代表着我们对世界的承诺。2023年北京冬奥徽宝使用了凤鸟。凤是中华民族的古老图腾，但大多凤图腾的设计都还停留在平面，北京冬奥徽宝的凤印纽则是将凤图腾立体化的稀罕物。

2008年，北京奥运会开幕式结束后，北京市政府向港澳台及海外华侨华人颁发了"捐资共建北京奥运场馆功勋荣誉章"，其中包括一枚纯金的功勋荣誉章，底部设计为水立方。其背后的故事是，国家在建设水立方时，得到了全世界华侨华人的捐赠。水立方的建设，有很多华人华侨的功劳。北京市政府为了表彰这些人，就对捐赠数额比较大的人发一枚纯金制的功勋荣誉章。工美集团在做设计的时候，底下一部分用了雕漆的工艺，中间做镶嵌，用的花卉包括牡丹花、兰花等。牡丹花在中国代表着富贵、繁荣等。

"一带一路"上的东方赠礼

北京工艺美术博物馆珍宝馆中藏有不少近现代工艺美术珍品，其中不乏由工美集团制作完成的国礼作品。国礼，是以国家元首、政府首脑或以国家和政府名义互赠的礼品，作为集中体现国家形象与政治语言的实物载体，地位极其崇高。北京工艺美术博物馆中还藏有大量由北京工美集团制作和送出的国礼。国礼本身自带神秘性，因此更加得到人们的关注。2021年是中国共产党成立100周年，北京工艺美术博物馆推出了"艺述辉煌——工艺美术精品展"，平常难得一见的国礼也向公众揭开了神秘的面纱。

工美集团的前身是北京工艺美术服务部。它的建立初衷，一是为国家准备外事礼品，二是准备国际展览会的展品。这里也被民间称为"国礼造办处"。

随着我国在国际上的影响力逐渐增强，大型的外事活动也越来越多。

尤其是进入新时代以来，国家主席习近平尤为重视国礼，经常亲自挑选更能代表中国文化的礼品。自中国提出"一带一路"倡议以来，相关国家之间的友好交流日益重要而频繁，国礼的重要性不言而喻。

我国共向联合国送出四件国礼。第一件是牙雕作品《成昆铁路》，由中国工艺美术大师王叔文带领上百名队员，花费两年多时间才雕刻而成。这件作品的雕工技艺十分精湛，不仅结合了中国国画的散点透视，还结合了西方画作的焦点透视。它浓缩了成昆铁路沿线风光，造型优美，大气磅礴，同时细节细致入微，甚至能看到火车里细小的人物手中的《毛主席语录》。

20世纪50年代，为衔接建成的成渝铁路和在建的宝成铁路，打通西南地区对外通道，党中央做出建设成昆铁路的决定。1958年7月，成昆铁路开工建设，但修建难度极大。线路穿过四川盆地、横断山区、云贵高原三个地段，沿线崇山峻岭、奇峰耸立、深涧密布、沟壑纵横，外国专家曾断言这里是"铁路禁区"。

面对艰难险阻，35万建设者在缺乏现代化大型筑路工具的情况下，靠着简单的铁锤、炸药、风枪、翻斗车，逢山开路、遇水架桥，克服了一个个极端复杂的地质难题，用智慧、热血和汗水创造了奇迹。1970年7月1日，全长约1100公里的成昆铁路竣工通车，开创了18项中国铁路之最、13项世界铁路之最，还荣获了"国家科学技术进步特等奖"。《成昆铁路》牙雕、美国"阿波罗"号宇宙飞船带回的月球岩石、苏联的第一颗人造地球卫星，被联合国并称为"象征20世纪人类征服自然的三大奇迹"。成昆铁路的建成，也改变了当时西南地区沿线2000万人的命运。

不过随着时代的发展，象雕制品逐渐退出历史舞台，这是一件名副其实的"绝世孤品"。牙雕这项绝技，也只能利用其他的材质来展示了。

第二件是一幅由15名针织大师用248种颜色织成的长城壁毯，它的长度是10米，宽度是5米，面积为50平方米，重280公斤，它一直高挂在联合国代表休息北大厅里。这幅壁毯表现了北京居庸关长城的雄姿，其中满目的绿树象征着中国的繁荣昌盛。这件艺术品以《人民画报》1963年刊出的何世尧同志的摄影作品《巍巍长城》为原型，寓意中华民族悠久的发展史。

第三件是联合国成立50周年之际中国政府赠送给联合国的珍贵礼物——世纪宝鼎，现在安放在联合国的大厦北花园绿色的草坪上。世纪宝鼎内铸有铭文"铸赠世纪宝鼎，庆贺联合国五十华诞"。鼎座前为"世纪宝鼎"四个金文大字。鼎座后面书写"中华人民共和国赠 一九九五年十月"。这也是受已故的中国著名的青铜器专家、上海博物馆老馆长马承源先生的指导，确定以中国青铜时代最负盛名的商代晚期至西周早期的大鼎为范本。

第四件是中国政府为纪念联合国成立70周年赠送的国礼——和平尊。和平尊以中国古代青铜器尊为原型。尊取"敬重"之意，是十分隆重的礼器。和平尊以"中国红"为主色调，热情庄重。顶部的龙饰象征守望和平，两侧的象首、凤鸟寓意天下太平、人民安康。尊体饰以中国传统吉祥纹饰，辅以丝绸之路等元素，传承和平发展、交流合作的理念。尊身展翅高飞的7只和平鸽，代表联合国为世界和平而奋斗的70年。

北京工美集团从建立伊始，就是国礼的设计和制作成员，如今主要参与北京地区的重大活动、赛事。2017年5月14日，首届"一带一路"国际合作高峰论坛在北京举办。北京市人民政府对外联络服务办公室（北京市外办）开始组织国礼竞标。竞标方包括清华大学美术学院、中央美术学院、北京工美集团等单位，以及较大的博物馆、民营设计公司等。

制作国礼的整个工期约半年，对于制作团队来说属于压力很大、荣誉也很大的事情。最终，工美集团中标了所有的6件礼物。集团资深设计师申文广谦虚地认为，清华大学美术学院、中央美术学院等单位都有专门的制作团队，实力都很强。而工美集团的优势在于对传统工艺更加了解，在手工制作上更具优势。有的投标团队前期设计非常优美，只是后期实现稍欠火候。

工美集团于2016年10月接到邀请参与竞标，于2017年"三八"国际妇女节前夕最终制作完成。而其间也要经历紧凑而漫长的流程。从参与竞标开始，设计团队就开始紧张地忙碌起来：先出设计方案，接着专家评审，而后在集团内部接受不同专业部门、行政部门自下而上的层层审核，进行一轮轮筛选。2017年3月8日前后，选出了3套共6件礼品，包括《丝路绽放》雕漆赏盘、《共襄盛事》景泰蓝赏瓶、《和合宝鼎》珐琅器、《和合之美》雕漆捧盒套装、《梦和天下》首饰盒套装以及《和韵》捧盒。

"一带一路"国礼作品包括元首礼和配偶礼两种，制作标准不太一样。元首礼要代表国家形象以及会议主题，并要呈现所谓"大国气象"，一般是各类摆件；配偶礼要求美观，有一定的实用性，一般是做手包、捧盒等。工美研究院院长申文广从事国礼设计多年，他介绍了其中尤为难得的优秀作品。

《丝路绽放》雕漆赏盘

　　《丝路绽放》雕漆赏盘以中国传统花口盘为原型，采用中国非物质文化遗产雕漆、錾刻工艺手工精制。整体造型犹如绽放的牡丹花，饰以敦煌卷草和花卉纹饰，中心錾刻水纹，象征开放包容，寓意天下太平、丝路繁荣，呈现出中国传统文化深厚的人文内涵。

《共襄盛事》景泰蓝赏瓶

《共襄盛事》景泰蓝赏瓶，四面有水纹，代表海，它的纹饰和图案也是围绕这一次会议的主题，为传达汉唐气象，用的是唐代常见的宝相花。宝相花是佛教画像中常见的纹样，也是汉族传统吉祥纹样之一，人们常说的"吉祥三宝"就包括宝相花、摇钱树和聚宝盆。

《梦和天下》首饰盒套装

《梦和天下》首饰盒套装是纯手工制作，由一整块银板经过上百万次的捶打，形成两种肌理的效果：一是编织的效果，形似竹编；二是有丝绸一样的润滑感。其代表了北京工美艺术的高超水平。

《和合之美》雕漆捧盒套装

《和合之美》雕漆捧盒套装是当时领导人最喜欢的一套礼物。作为配偶礼，《和合之美》的创新点在于做了侧面圆周中间的手工篆刻，以及一圈纯手工制作的花丝，用很细的银花丝编织出来，被称为松球。它的背面是仿唐代工艺珍珠地划花，也是一点一点打出来的，从而构成中间花蕊似的部分，起到一个装饰的效果。

2017年，作为"一带一路"国际合作高峰论坛上的东方大国赠礼，雕漆是新中国历史上第一次作为国礼送出。原因在于雕漆制品的特点——周期长，制作一件雕漆制品，哪怕是很小的东西，一般也要用将近半年的时间，但一般招标只会给3个月左右的时间。而此次招标，工美集团也提前做好了准备。在中标之前就把胎做好，漆也被磨光，一旦确定要用，立刻就开始雕。

制作国礼会有一些基本的原则或设计理念，那就是既要体现中国的文化、文明，也需要考虑收礼国家的文化。以"一带一路"国礼系列为例，涉及亚欧非很多不同的国家，它们各自的文化又不同。比如红色的礼物主要送给亚洲国家，因为东南亚国家受儒家和中华文明影响，比较喜欢红色。鼎送给欧洲国家，主要考虑到景泰蓝工艺本身来自波斯，同时欧洲人对于蓝色也比较偏爱。另外，蓝色的礼物还送给一些国际组织，因为蓝色本身比较中性，还蕴含着团结合作的意思。

古陶文明博物馆：首都民营博物馆的开端

带着问题看正文：
原始陶器出现在新石器时代还是旧石器时代？

●● 本馆简介 ●●

古陶文明博物馆于1997年6月15日建成开馆，是北京首批四家民办博物馆之一，也是北京乃至全国第一座陶专题博物馆。古陶文明博物馆固定陈列有"彩陶渊薮""瓦当大观""封泥绝响""古陶系列"，包括新石器时代彩陶及周秦汉唐陶器、战国秦汉砖瓦、战国秦汉封泥等系列约3000件出土文物，构成一部近乎完整而形象生动的古陶文明史。这里也是文字爱好者和古陶文化爱好者的打卡地。

"瓦当大观"：从古燕国瓦当到华夏图腾

在古陶文明博物馆不大的展厅里，紧密地分布着公元前五六千年的彩陶、战国的瓦当、秦朝的封泥。它们似乎离我们非常遥远，却让我们看到了中华文明的起源，展现了古人的文化和生活情趣，对于现代人的生活也有启发。此外，博物馆内还有原馆长路东之创作的一些艺术作品。

人们常说"秦砖汉瓦"，似乎瓦当是汉代的专属，其实战国时期就已经出现非常精美的瓦当了。齐国和燕国，一东一北，这两个国家的瓦当保存得最好，其文化寓意也更为突出，并且具有非常明显的区别。

瓦当，其实就是古代建筑屋顶筒瓦伸出来的端头。它是用来做什么的呢？就是遮挡和保护木椽子的。中国古建筑是木结构，惧怕风吹雨打，起到一个遮挡的作用，所以瓦当的"当"有"挡"的意思。俗话说"出头的椽子先烂"，说的就是瓦当存在的意义。瓦当的规格也有大有小。大瓦当存在于屋脊的两头。北京现存明清的建筑，左右两边屋脊两头分别是两个鸱吻。而在三千年前的燕国建筑上，左右两边屋脊是两个饕餮——这就是燕国最典型的饕餮纹大瓦当。古陶文明博物馆收藏的大量瓦当出土于河北易县的燕下都遗址。燕下都城址东西约8公里，南北约4公里，是战国各诸侯国都城中面积最大的一座。燕下都及周边出土的瓦当，年代跨越春秋早期至战国末年，共500余年。

易县出土的舞蹈纹阴阳双构图半瓦当是一件难得的孤品。它的奇特之处表现在，中间是两个对称的舞蹈纹样像两个小人在跳舞。难得的是，拓片留黑的部分和留白的部分同为舞蹈纹样。这种凹凸俱显的纹样，也叫阴阳纹。这是其一。其二，这块瓦当是错版。邮票、纸币都有错版，往往比普通的更加珍贵，而这块瓦当就属于一个"错版瓦当"，是四虎纹半瓦当的错切。四虎纹半瓦当是战国时期的一种瓦当模具，两个半瓦相对构成一个圆形，烧制时再将圆形一分为二，切成两个半瓦。这个瓦当的图案本是四虎阳纹，瓦当当面由四个回首虎构成。但工匠切割时，错转了45度，由于这个偶然的失误，从老虎变成了舞蹈人形，诞生了一个优美的舞蹈纹图案。

除了老虎，饕餮也是古燕国常见的瓦当纹样。传说中饕餮是龙的儿子，非常贪吃，以至连自己的身体都吃掉了，只剩了一张脸。饕餮纹较多见于商周尤其是商代的青铜器，而燕国瓦当的饕餮纹可以说是直接吸收商代青铜器的艺术风格。从燕上都琉璃河遗址出土的商周遗物来看，西周早期时周人对殷商遗民有比较宽容的政策，商代遗民可以保持自己的文化传统。

值得一提的是，"饕餮"一词出现很早，但其含义存在明显变异。明朝才有"龙生九子"的传说，将饕餮概念固定为"兽形"最早是在宋朝。宋朝之前，饕餮纹简单被称为"兽面纹"。"饕餮"一词原本说的是一个人，人们纷纷称他为饕餮。据《山海经》记载，饕餮是"西南方有人焉"或"其形状如羊身人面"。《左传》谓饕餮是："缙云氏不才子。"直到宋朝，才说饕餮是"其像率为兽形"。总之，饕餮是后人的叫法。

从动物形态的角度分析，长角的动物如牛、羊、鹿等口中不长獠牙，凡是长有獠牙的动物如虎、狮、野猪等，头上是不长角的，而饕餮是两者都有，作为文化符号，更加能体现出震慑的意义。西周推行分封制，而燕国位置偏于北土，处于中原和北方民族戎狄之间，一方面是周王朝控制北方的锁钥，另一方面要为周王朝抵御北方游牧民族的进攻，其地位、作用和意义非常重要。整个西周时期，燕国一直发挥着作为北方大国"尊王攘夷"的作用。从出土的燕国瓦当来看，不仅表现了饕餮的凶猛，也进行改良并体现了周代的礼制思想。双龙饕餮纹瓦当就是一个代表。

燕国瓦当纹饰非常丰富，其他还包括人面纹、卷云纹、几何纹等，但是饕餮纹贯穿了始终。可以说，现今已经出土燕国瓦当纹样的80%以上都是饕餮纹以及由其演变而来的变形纹饰。饕餮纹作为商代纹样代表，在周代开始渐渐衰落和消失，而燕国瓦当上的饕餮纹消失得最晚，成为这种饕餮艺术最后的繁盛。

在审美文化上，古人跟现代文化有着明显的差异，而现代文化也在随时代发展不断发生着变化，可以说，人们的审美不断在张扬和柔和之间转变。比如20世纪80年代在神魔题材电视剧《西游记》和书籍《山海经》中，古人对神兽形象的认知就不一致。而近两年复兴的神兽文化，创作形象反而汲取《山海经》或其他远古图文的元素，正反映了流行文化审美的变迁。

汉代瓦当有更加突出的空间感。比较常见且有特色的当数四神纹瓦当，由各饰青龙、白虎、朱雀、玄武纹的四种瓦当组成，分施于东、西、南、北不同方位的殿阁之上，汉长安城遗址多有出土。青龙、白虎、朱雀、玄武这四方神已经存在，代表保卫四方，驱除邪恶。在建筑中也表示东南西北4个方位，这4种纹饰的瓦当是皇家御用、宫殿专属的。它们的中心有一个略凸起的圆心，四神的身形会随着这个圆心而弯曲，伸展着自己的身体。

汉瓦是中华传统文化中非常重要且带有标志性的符号，很重要的一个方面是基于刻在其上的文字。我们常说，文物上一旦有文字，它的历史价值、文化价值就凸显出来了。古代识字的人其实很少，文字的意义非常重要。包括青铜器，有字的青铜器跟没字的青铜器相比，价值是大不相同的。这也是汉代瓦当比战国瓦当更具学术价值和历史价值之所在，不仅是砖瓦艺术的高峰，也可以作为一种档案。汉代瓦当以篆书为主。汉代既尚武又崇文，《汉书》中有很多华丽辞藻，像"汉并天下""四夷尽服""与天无极""千秋万岁""长乐未央"等，都是非常霸气的。

瓦当铭文中也不乏很多祈福的词句，如"长乐未央""千秋万岁""安乐无极""万岁封侯""大吉万岁"等吉语较为常见。"万岁"在汉朝时是一个较为通用的说法，不专属于皇帝。贵族或豪门大户都可以使用，希望自己的家族永盛。刻有吉语的瓦当一般是一组两个，一个写"千秋"，一个写"万岁"。汉代根据瓦当的大小不同，或者字体大小不同，一片瓦当上写四个字或六个字。"万岁"一词直到唐朝以后，逐渐被皇帝专属所用。

汉代皇家专属的吉语为"长乐未央"。西汉皇宫未央宫建于汉高祖七年（公元前200年），在秦代章台的基础上修建而成，位于汉长安城地势最高的西南角龙首原上，因在长安城安门大街之西，又称西宫。未央宫建成之后，西汉皇帝都居住在这里，成为汉帝国200余年间的政令中心。所以在后人的诗词中，未央宫已经成为汉宫的代名词。而宫殿殿门瓦当还有一个作用——充当指示牌，告诉大家这是什么地方。如上林苑瓦当刻有"上林"二字铭文，代表此处为上林苑。

博物馆的镇馆之宝——"金乌展翅"是一个非常不起眼的瓦当。金乌瓦当是汉武帝甘泉宫建筑的重要构件。金乌瓦当反映了中国古人的太阳神崇拜。古人将太阳拟物，称为金乌或者三脚乌。据《山海经》记述，在远古时代，天上共有十日，它们是帝俊与羲和的儿子，有人与神的特征，是长有三足的金乌，每天早晨轮流从东方扶桑神树上升起，由东向西飞翔，到了晚上落在西方若木神树上。

金乌是古代先民用来代表太阳的图腾，而甘泉宫是汉代最重要的宫殿之一。汉武帝在此会见诸侯王，宴请外国客人，并用作避暑离宫。汉朝人匠心妙构了这件代表太阳的宝瓦，放置在甘泉宫大殿屋檐上。太阳神鸟雄昂展翅的造型，融威猛与精微于一身，得雄浑大气之美，望而夺人心魄。汉代是中国古代最雄强最辉煌的时代之一，而汉武帝时期又是汉代的鼎盛时期，从某种意义上说，这件具有标志意义的金乌瓦当，体现了汉代雄昂向上的时代精神。

　　金乌瓦当之所以意义非凡，还因为它是甘泉宫遗址的遗物。甘泉宫位于今陕西省淳化县北甘泉山脚下，始建于秦，西汉沿用。汉武帝时，甘泉宫一举成为离宫别馆中最为显赫者，因为汉武帝把天子祭天神之所"泰畤"设在甘泉，从而使甘泉宫的规模与地位臻于极盛。武帝后沉迷仙道，甘泉宫成为最重要的祭祀中心，对于西汉政治神学具有重要象征意义：甘泉宫为祭天之所，通天台是通神之轴，甘泉宫内百神毕集，武帝置神巫下神、绘壁画象神，从而交接神明。班固《东都赋》为此描述："建章、甘泉，馆御列仙。"

　　随着朝代的变迁，甘泉宫不复存在，而这块金乌瓦当则是历史的见证。彼时的宫墙灰飞烟灭，这块瓦当穿越2000多年，进入了人们的视野。目前，金乌瓦当的保存非常少，这件馆藏可以说是孤品，无愧于"镇馆之宝"的地位。

　　与金乌瓦当组成一组的，还有甘泉宫遗址另外出土的蟾蜍玉兔瓦当。它取材于民间传说月宫里的蟾蜍、玉兔形象，代表了月亮神。

　　路东之先生收藏这块金乌瓦当的故事也非常值得人们了解。1987年，路东之到西北大学作家班读书时，还是一位醉心于小说和诗歌的文学青年。然而，一次偶然的机会，他在西北大学图书馆工地上用脚踢到一块刻着"有、菩萨、不住色"六个字的"菩萨残碑"后,也许冥冥之中自有注定,他开始转向收藏和考古,并从此痴心不悔。

20世纪90年代,路东之在西安一位藏友家见到了金乌瓦当,一下子就被它的美和气度震撼。可惜这是朋友的心爱之物,然而他无论如何也无法克制自己的热爱之心,大半年时间就去了6次。最终精诚所至,金石为开,朋友把这件宝物给了他。后来,路东之因此也自号"瓦当侯"。

他以收藏秦汉瓦当起步,1997年建立古陶文明博物馆,与马未都的观复博物馆一道,属于国内最早的一批私人博物馆。路东之喜爱书法篆刻,古陶文明博物馆也多是瓦当、封泥、甲骨、碑拓之类的高古艺术。他曾写诗:"谁似我神癫貌癫,肯踏破南山北山,收藏起秦砖汉瓦。负十载猛志青春,开陶馆千难万难。乐未央闲观慢观,最钟爱泥团瓦团。新世纪远路迢迢,怎禁得梦绕魂牵。"2011年,路东之先生因病壮年去世,却为热爱古代文化的人们留下了宝贵的遗产。

汉代陶缸:汉人质朴的深情与浪漫

收藏水缸

那个时候流行大袍

陶匠们在岸边活泥拉胚

整个天下都停电了

借着月光他们加班

夏晚的月亮在黄河里荡碎

年轻的陶工心猿意马

是谁用柳条划了一个"岸"字

担心着师傅又发脾气

这是富贵人家定做的水缸

昨天收下那串"半两"已经买谷

这首诗由原馆长路东之所写，记录了古陶文明博物馆的一件有故事的藏品——汉代陶水缸。因为其体型颇为硕大，常被称为"缸王"。不过这个水缸虽然大，但从远处看起来并不显得笨拙，这得益于它的良好比例：高是83厘米，腹径也是83厘米。2018年，故宫博物院在举办吴昌硕作品展览时曾借展这件展品。吴昌硕别号"老缶"，也特别钟爱古陶。

陶缸的肩部，划有一个"岸"字，从字体上看接近早期的隶书。诗中"半两"是汉代的货币——半两钱。路东之收购这个陶缸还有一个小故事：陶缸出土之后，一直放在当地村长外甥家的耳房里用作盛小米，村长家里有4个小妮，她们把缸沿磨得光滑。这就是陶缸可以为人们触摸的民间故事。路东之写了大量的诗歌，讲述藏品的来源和他对藏品的解读。

彩陶：原始人的生活美学

古陶文明博物馆的主要藏品之一是史前彩陶，史前彩陶陈列命名为"彩陶渊薮"。藏品从公元前五六千年的仰韶文化遗址，到马家窑、马厂彩陶，跨越约5000年的历史。

人类从旧石器时代发展到新石器时代，新旧交替有几个明显的标志：一是人们有了种植业，不再游走而开始定居，从此有了种植和储藏。尤其是储藏，人们要把种植收获的粮食保存下来，包括水和原始的调味品，于是有了容器。陶器、定居点、农业和畜牧业的出现，构成了人类发展的一个新的台阶。

二是因古人的敬畏之心而诞生了原始艺术。容器出现之后，就不单单是实用的功能。质朴的审美艺术和娱乐价值是远古人类与其他高等动物的最大区别。在原始人类那里，就算只有一个装水的陶罐，也要在上面用绳纹装点一下。绳纹，顾名思义就是拿绳子在陶罐泥胎上摔几下，从而出现漂亮的花纹。或者是画上几笔形成简单的几何图案来模拟自然，这都是古人的非常原始的审美。

"彩陶渊薮"的第一组展品出土于黄河中下游地区的仰韶文化彩陶。仰韶文化于1921年被发掘出土，彩陶是它的重要特征，因此仰韶文化又享有"彩陶文化"的盛誉。陶器既是当时必备的生活用具，又是精美绝伦的工艺品。古朴优美的仰韶彩陶是中华美术和装饰艺术的先导，可以说是中国彩陶文化的起点，被称为中华民族远古文化的瑰宝，也证明黄河流域作为中华文明的一个摇篮和起点。值得一提的是，仰韶文化是中国分布地域最大的史前文化，相似的文化、广袤的地域，代表了强大生命力和辐射力，也说明中华文化的源远流长和融合发展。

展览展出的小口尖底瓶是仰韶文化典型的水器，其特点是杯形小口、细颈、深腹、尖底。瓶腹部下方有一对环形器耳，中上部有斜向绳纹。小口尖底瓶汲水十分方便，因为底尖，容易入水；入水后又由于浮力和重心的作用，自动横起灌水；而等水打满之后，又可以自动竖立。不过，这只是理想中的形态。据考古专家进行的多次实验，人们往往并不能完全依靠重力进行打水，打水时需要拿着瓶口往下灌，灌满了以后再拿上来。

还有人认为，小口尖底瓶是一种盛酒用的礼器。一般认为酒的始祖是商代的杜康。但从仰韶文化出土的陶器来看，在新石器时代，人们已经开始储存由野果发酵制成的天然酒品。在距今9000年前的贾湖遗址，已经出现了原始酒，由水果和蜂蜜自然发酵而成。

原始酒也非日常可以享用的食物，多用以祭神。从器型来看，它的底部是尖的，无法自行站立，只能插在土里；还可以看到底部被插在地下的部分没有彩图装饰。而这也契合了人们当时的居住环境：黄河中游地区基本是半地穴式房屋，人们住在地洞里，将酒瓶插在土里。

仰韶文化之后，最有代表性的彩陶文化当数马家窑文化。马家窑文化于1923年首先在甘肃省临洮县的马家窑村被发现，故名马家窑文化，主要分布在黄河中上游的甘青宁地区，年代约为公元前3300年到前2050年。

有专家曾把马家窑文化称为甘肃仰韶文化，认为马家窑文化是仰韶文化向西分流发展的结果。人口压力推动了仰韶文化的西迁，而农业与狩猎的兼有则是区分马家窑文化与仰韶文化之不同的本质原因。马家窑文化的另一个特点是铜石并用，包括石岭下、马家窑、半山、马厂等不同时期。

马家窑文化的彩陶，早期以纯黑彩绘花纹为主；中期使用纯黑彩和黑红二彩相间绘制花纹；晚期多以黑红二彩并用绘制花纹。相比仰韶文化，彩陶技艺更加发达。而彩陶的大量生产，也说明这一时期制陶的社会分工早已专业化，出现了专门的制陶工匠师。到马家窑文化时期，已经可以利用转轮绘制同心圆纹、弦纹和平行线等纹饰，表现出了娴熟的绘画技巧。早期马家窑的图案是以漩涡纹为主，形似水波。史前彩陶的特点是，其纹饰大多是对自然的崇拜和模仿。先民会把他看到的自然场景、动物、植物加以想象，绘在陶器的上面。例如，作为仰韶彩陶代表的鱼纹彩陶盆等。

半山文化大约出现在公元前2500年到前2200年。半山类型彩陶以锯齿纹为主，其图案更加细腻。与简洁的仰韶彩陶相比，马家窑文化显得更为多彩，在半山类型彩陶中可以看到相当密集的图纹，而颜料的绘制技术也已经非常高超。

彩陶代表了当时兴盛的耕牧社会，更可以直接证明远古农耕文明的发展。新石器时代，人们学会了种植和畜养动物，更多地使用火来烹饪食物，对火的利用更娴熟，因此具有了烧制陶器的技能。而对于春种秋收的农耕文明来说，储存是一项刚需。人们对于风调雨顺的期待和祈祷形成了原始的祭祀礼仪。而对丰收的庆幸与感激则形成了节庆。农耕的行为让原始人的头脑更为复杂和专注，文明的发展进入了快车道。

半山类型彩陶的特点是用红彩和黑彩两色相间的锯齿纹为骨架，构成各种几何图案。最常见的有水波纹、漩涡纹、葫芦纹、菱形网纹、平行带纹、方格纹、蛙纹和附加堆纹等。

马厂彩陶的风格则与半山类型又有明显不同。从反映天地自然的几何纹饰，演变为人类身边的动物纹饰，包括动物的眼睛、半人半兽等。变形蛙纹是马厂类型上常见的装饰纹样之一，因为青蛙产卵是繁衍旺盛的象征，体现了远古人们对生殖繁衍的崇拜。

马家窑文化早期对于水的崇拜，表现为水波纹。人沿水而聚居，但是水患灾害频发，继而引发人们对于蛙的崇拜。蛙是两栖动物，可以在陆地上生活，也可以在水中生活，还代表了人们对"两栖"的崇拜。有学者说变形蛙纹也叫神人纹，是人去模仿蛙在跳舞。现如今，在陕西、甘肃、河南等黄河流域的农村，人们仍然喜欢采用下蹲的姿势，恰似青蛙的坐姿，不知是不是一种返璞归真的巧合。

从仰韶文化到马家窑类型，再到半山类型、马厂类型，反映了整个黄河流域的彩陶文化。看到这些古陶，不禁令人想到，黄河作为母亲河孕育了中华民族和华夏文明。郭沫若的《中国史稿》第一编就交代了陶器的发明是人类文明的重要进程："陶器的出现，是人类在向自然界斗争中的一项划时代的发明创造。"彩陶文明让人想象到我们的先辈在遵从自然而努力耕耘并收获，以及不懈地跟自然做抗争的场景。

"封泥绝响"

封泥又叫作"泥封"。封泥不是印章，而是古代用印的遗迹——盖有古代印章的干燥坚硬的泥团——保留下来的珍贵实物。由于原印是阴文，钤在泥上便成了阳文，并形成四周不等的宽边。后世的篆刻家也从珍贵的封泥拓片中得到借鉴，用以入印，从而扩大了篆刻艺术的范围。

封泥系列是古陶文明博物馆最重要的藏品，在路东之以前，当代少有人关注。封泥是古人封检文书和货物的时候盖有印章的泥团。在纸张发明之前，印章最早就是盖在泥上的。写有文书或奏章的一捆竹简被麻绳捆起来，麻绳接头的地方盖上泥，泥上盖上投递人的官印（个别的情况下是私印）。

封泥是特殊时代的产物，只在秦汉大批量出现，因此叫"绝响"。秦朝统一天下，改分封为郡县制，中央集权制度开始建立，郡县要向天子奏报地方情形。但当时纸张还没有出现，各地的上报需要用竹简，为了保密，人们就将竹简封起来，盖上代表官职的印章封好递送。我们在电影或电视剧中看到的古代欧洲密封羊皮书信所用的蜂蜡或漆，就与封泥的形式非常接近。

秦汉"封泥绝响"对于认识秦代政治文化有十分重要的意义。在生产力水平相对比较低的情况下，普通人没有财力，没有资格，也没有必要用印章和封泥。只有因公上奏，才会用到封泥。而秦朝之前为什么没有封泥呢？周朝统治采用的是分封制。诸侯的权力极大，政务并不向天子汇报。只有秦始皇统一后，在郡县制的背景下，不同职级、领域的官员都要向皇帝履行陈奏的义务。秦朝在很多方面开创了百代历史的先河，秦始皇大权在握，他通过竹简文书掌握了各地、各领域官员的情报。因此，在当时的中央政府所在地，才有机会出现一大批封泥。东汉特别是隋唐以后大量使用纸张和由胶水密封的信封，代替了竹简与封泥，封泥也就逐渐退出历史的舞台。

馆藏秦封泥提供了完备的秦代官吏制度的参考文物。秦代统一文字，李斯发明了小篆的最初版本，同时撰写了标准的秦官职用印，涵盖了从最高的行政长官到地方官职。例如，馆藏"右丞相印"为李斯用的印，"宗正"应该是管理皇家宗亲的职官。封泥上的众多官职名称正是秦代官职体系的直观体现，有补益正史的作用。同时，这些封泥对书法、篆刻也有非常重要的价值。

封泥的存在曾经遭受今人的质疑。清末最早出土的汉封泥，是当时的历史学者、甲骨文的发现者王懿荣的一部分收藏。他在日记中记载了自己的收藏，包括瓦头（瓦当）、封泥、秦汉印、宋拓碑帖、古钱、青铜器、铜造像、陶器、泉范、钱币、古剑、汉弩机、秦汉镜等。

路东之夫人董瑞介绍了这批秦封泥的来历：1995年春天，路东之偶然见到了200多枚秦封泥。当时这批封泥已经在西安和北京流转几遭，人们都认为是假的。因为和王懿荣收藏的汉封泥差别特别大，字的间隙也大。然而，路东之却凭借自己曾收藏汉封泥的经历，一眼认定这些无人问津的"泥坨坨"就是货真价实的秦代封泥。

20世纪80年代，路东之开始了收集封泥的历程。那个时候很多人还没有认识到封泥的重要价值。在陕西，两袋面就可以换得一枚封泥。路东之收集了这批封泥之后就开始研究，将文字试读出来，获得了西北大学历史博物馆馆长周晓陆教授的认可。后来，路东之又找到历史学家李学勤。李学勤说，我知道你要来，很多人让我不要接待你，说你会刻印，是你们伪造的。不过，李学勤看完之后给了路东之很大的肯定。路东之凭借着"英勇"的决心，将秦封泥珍藏一处，避免了这些弥足珍贵的文物被小商贩分销散卖、流失海外，以至淹没于各个角落。

北京古观象台:"时间的博物馆"

带着问题看正文:
观测日影是制定二十四节气的依据吗?

●■ 本馆简介 ■●

北京古观象台建于明朝正统七年(1442),是世界上现存最古老的天文台,也是我国明清两代的皇家天文台,它以建筑完整、仪器配备齐全、历史悠久而闻名于世。古观象台上,八件大型铜制仪器陈列在南、西、北三面。台下有古代建筑紫微殿、滴漏堂庭院。古观象台连续观测近500年,积累了大量的天文科学资料,至今保存着清朝180年间的气象资料。1982年2月23日,北京古观象台被国务院公布为第二批全国重点文物保护单位。

"观象授时"：节气和历法的诞生

每逢二十四节气的正午，位于东二环建国门桥的古观象台都会举办测日影的活动，并且通过网络直播的方式呈现给不能到场的观众。测日影，其实就是简单的立杆测影。工作人员选择正午时候测量日影长度的变化，从而再现古人测量日影长度的情形。古人讲究时间的文化，皇家观象台在二十四节气点都会测量日影。反过来也可以说，测量日影是制定二十四节气的依据。换句话说，二十四节气和天文现象有直接的关系。而其中，春秋分、冬夏至则是更加重要的节点。

早在4000年前的远古时期，尧帝就开始寻找时间的周期律。在古代神话传说中，羲和是中国的太阳神，肩负观测日月之象的职责。《尚书·尧典》中记载："乃命羲和，钦若昊天，历象日月星辰，敬授人时。"尧帝时期，天下大治，羲和等人是尧帝的下属，接受尧的安排，观察日月星辰的走向变化，并根据对天文的观测来制定历法，供人们用作农业生产的参考。中国人讲"天人合一"，不仅仅是口头上的，古人真的在实践这一概念。

最先确定的节气是冬至。这个节点确立的依据是什么？羲和率人在日复一日测日影的过程中发现，冬至时太阳在正午的时候运行到了最低点，影子最长。继而到夏至，日影最短。春秋分则是到了中点的位置，春分是冬至走向夏至的中点，秋分是夏至走向冬至的中点。由此，"二分二至"也就是夏至、冬至、春分和秋分四个节气确立，其他节气以此为据，再做分隔。

"中"是节气制定的重要哲学依据。尧帝已经意识到了"中"的哲学意义，并派出官员寻找。"中"不仅包括时间的中点，也包括空间的中点。依靠太阳观测的周期性，时间的"中"被建立起来，并形成关于节气的时间体系，用以指导农业生产。而对空间"中"的寻找则一直在进行。到了周代，"中"的政治内涵更为重要。西周早期的青铜器何尊铭文记载，周成王继承周武王的遗志，迁都"成周"。其中提到了"宅兹中国"，大意是我要住在天下的中央地区。铭文中的"宅兹中国"也是"中国"一词迄今发现的最早来源，何尊也因此成为最著名的国宝之一。

清朝时，人们开始使用黄道的概念。"一年"就是太阳在黄道上运行一圈，每走15度就是一个节气，时间与天文空间在此得以交汇。不过，每一个节气的相隔时间并不完全一样，最短14天多，最长可能16天多。古代从汉代到明末，用的是一个平均的时间，每个节气相差15.2天。

中国人对时间的探索一直没有停止。在观察天文物候和制定二十四节气的过程中，人们要观测的事情包括且不限于气候的变化、星象的变化，还包括日影测量的变化等，被称为时序。舜帝时期就已经有简易的天文观测仪，可以记录太阳黑子、彗星、流星雨等天文现象。尧帝以降，古人不断"观象授时"，通过观察天文地象，制定历法。历朝历代都设有观测天象的皇家天文官。

在西方文化传入中国之前，即在传统中国社会的2000多年里，共颁布了100多部历法，每到改朝换代，都会有新的历法颁布。清朝最后一部历法叫作《时宪历》，被称为"时间的宪法"。实际上就是告诉我们，中国古人以时间为法。和现代人流行的"追星"相比，古代中国人的信仰是"追天"。

"时间"太重要了，中国是讲究时间文化的国家，而确定时间的过程是从自然来的，并不是凭空想象的。农历每月的第29天或第30天，初一、十五都能够反映月相，直接与月亮周期相关。另外，农历是根据自然规则来制定的，可以更好地指导农业生产。而上升到哲学层面，中国人讲究人要合于自然，不能离开自然，而现代的西方技术文明实际上就是把人和自然慢慢隔离开了。

后来西方人使用的公历更接近人为的制定，跟月相并没有直接关系。公历是简化的一个时间排序，实际上用了一个自然数，就是回归年，用了一个365.2425，这是回归年的天数。其他都是人为排定的，西历年的开始被确定为基督诞生之后的第七天，时间定为1月1日，圣诞节则成了每年的12月25日。换言之，西方年的开始是从宗教上确定的，由一个人的出生来决定，与月相等自然现象没有关系。

在中国传统历法中，年、岁的开始是不同的。我们年的开始是正月初一，岁的开始是立春。也就是说，年的开始是和月亮有关的（初一），岁的开始实际上是跟节气有关的（立春）。

灵台变迁

在现存的世界天文台中，北京古观象台（简称古台）的问世是最早的。现存柏林、巴黎、格林尼治天文台都是在之后出现的，同时它持续观测的时间是最长的，从1442年到1929年。古台在明代时期开始使用，当时称观星台，清朝称观象台，更远可以追溯到元代司天台。它地处古都北京东南角，代表了古代天文观测的高峰。这个台子的历史地位非常重要，跟北京城的变迁也有关系。北京城作为首都是从元朝开始的，公元1279年，天文学家王洵、郭守敬等在今天的古观象台北侧建过一座司天台，大约是现在中国社会科学研究院的位置，后来被毁。明朝时期古台的位置一直延续至今。如今的北京城中，故宫、天坛、古观象台等古建依然来自明朝，古台由此也跟北京的建筑史等历史产生了关联。

古观象台台体高约14米，台顶南北长约20米，东西长约24米，上面设有8架露天的清制天文仪器。古观象台从事天文观测近500年，是世界上现存古观象台中保持连续观测最悠久的观象台。

现存古观象台是建立在明代观象台基础上的，在古台展览馆可以看到明代观象台的复原图。如果把现在的古台台面打开，可以看到明代仪器的基座，实际是在明朝的基座上面又盖了一层，比明代的台基高一层，大家能看到的就是这个砖石结构，下面是重新做的防水。在1979年之前，这个台子是实心的，里面是土。1979年重新修缮，把台子里面掏空了，基础框架改作钢筋水凝土的加固，实际是使用了现代建筑的工艺，但是也带来一个不好的结果，古台在"申遗"的时候被认为缺少原真性，这也为后来北京市其他的古建翻修提供了参考。

明朝建立之后，明成祖朱棣迁都北京，明英宗即位后的正统七年（1442），在元大都城墙东南角楼旧址上修建了观星台，放置了浑仪、简仪、浑象等天文仪器，并在城墙下修筑了紫微殿等房屋，后来又增修了晷影堂，这时的观星台建筑群已经颇具规模。

据档案记载，古观象台从南到北有一个可以上马的长长缓坡。20世纪六七十年代，城墙逐渐被拆，只剩下观象台的台子。在修地铁2号线时，古台一度被考虑迁移。

古台遇到的另外一次灾难是1976年的唐山大地震，里面产生了一些裂缝。1979年夏天遭遇强降雨，缝里被水灌进去以后，东北角这一侧就塌了。台子上的仪器全都掉到台底，台上只剩两架仪器——赤道经纬仪和纪限仪，它们的地基做得很好，据说是糯米浇筑，富有弹性。而后国家拨款重修，把台子修起来，把仪器重新吊上来，安装好，累计花费约

100多万元人民币，自1983年重新开放一直到现在。在整个20世纪80年代，当你站在古台上，还能看到西山、北海，包括北海的白塔。

古观象台是古代建筑的组成部分，是古代到近代重要的物质遗产。中国现存的近现代天文台包括三家：北京古观象台、中国科学院上海天文台、南京紫金山天文台。三台按成立顺序排列，呈现出从古代到近现代中国天文学发展的历史轨迹。三台又各有价值：北京古观象台拥有清初制作的8架青铜天文仪器，反映西学东渐的时代背景；中国科学院上海天文台是鸦片战争之后由传教士在徐家汇创建，代表了近现代的临界点；南京紫金山天文台由国民政府建立，收藏有明代的浑仪和简仪。这三个台子都有很高的文物和历史价值，所以业界一度曾有将三地天文台共同申请世界文化遗产的思路和讨论。

从"西学东渐"到"灵台劫难"

北京古观象台也是清朝前期中西方文明融合的见证，8架制作于清朝康乾盛世时期的天文仪器，成为发达的古代中华文明之绝响。8架仪器的制作时间分别是：康熙十三年（1674）制作的赤道经纬仪等6架，康熙五十四年（1715）制作的地平经纬仪一架，乾隆九年（1744）制作的玑衡抚辰仪一架。

中国人学习西方先进的技术于明清末年开始。利玛窦等一批传教士来中国，把西方的科学带到中国。明清交接之际西学东渐，康熙帝是古代王朝中较为开明的帝王；另外，清朝初期满族统治缺乏汉文化的统治基础，康熙帝开始自觉利用西方科学来谋求统治的合法性。康熙十三年，比利时传教士、科学家南怀仁制作了6架带有西方天文学元素的天文仪器，用来观测天文星象。

乾隆年间也请传教士制作了一架天文仪器。乾隆九年（1744），乾隆帝亲临观象台视察，并下令再造一架新的仪器。此事由传教士戴进贤和刘松龄负责监制，先后历经十年方得完成，新仪器被命名为玑衡抚辰仪。与康熙年间带有明显西方特点的6架仪器不同，玑衡抚辰仪几乎完全是按照中国传统的浑仪再造的，具有更强的中国特点。据文献记载，浑仪的制作始于汉代，那时就已经有了制造浑仪的文献记载，而到了唐宋时期，浑仪的结构已经相当完善了。

除了浑仪，其他几架天文仪器采用欧洲天文学度量制和仪器结构。从外观上看，具有明显的法国路易十四时代风格；纹饰同时体现了中国礼器传统，以飞龙图案为主要特征。它们按照中国古代天文学传统布局排列在观象台上，各有作用。

（1）赤道经纬仪：最主要的功能是测量太阳时以及天体的赤道坐标（赤经和赤纬）。

（2）黄道经纬仪：最主要的功能是测量恒星的黄道坐标（黄经和黄纬）。

黄道经纬仪在古台的仪器中具有重要的天文学历史价值。中国没有单独制作过黄道经纬仪，而用的赤道系统，赤道经纬仪使用的是赤道坐标。所以赤道经纬仪放在东边，来自西方的黄道经纬仪放在西边，也暗含了东西文化的含义。

（3）地平经仪：主要用于测定天体的方位角。

（4）象限仪：主要用于测定天体的地平高度或天顶距。

（5）纪限仪：主要用于测定60度以内任意两个天体之间的角距离和日、月的角直径。

（6）天体仪：主要用于测定天体出没的时间和方位，以及计算任意时刻天体的地平高度和方位角。

天体仪是非常重要的仪器。它高约2.7米，重量约为4吨，用一个直径为6尺的铜球代表天球，球面上布列着大小不等的镀金铜的星星共有1876颗。球面上有赤道圈、子午圈、地平圈等。天体仪球面上还有一些斑驳的弹痕，它曾在1900年被侵略者带到德国，1921年才重新放回北京古观象台上。天体仪主要用于黄道、赤道和地平三个坐标系统的相互测算，以及演示日月星辰在天球上的视觉位置等。

（7）地平经纬仪：主要用于测定天体的方位角和地平高度。

康熙五十四年，德国传教士纪理安设计制造地平经纬仪。不过当时铜贵，制造地平经纬仪使用的铜竟然来自元代郭守敬所创制的简仪。熔后重筑，让今人唏嘘。在地平经纬仪、天体仪上还能看到不止一处弹孔，是来自八国联军的子弹痕迹。也可以说它代表了历经沧桑和历史的剧变。

（8）玑衡抚辰仪：实为浑仪的改进型，功能类似赤道经纬仪。

8架仪器体现了清初西学东渐的文化特点。北京古台最早在1442年明初建立，上面只放了2架仪器，分别是浑仪和简仪，仿照的是郭守敬在元代制作的浑仪，实际追溯至汉代。浑仪和简仪反映的是汉朝以来的宇宙观——浑天说。古人观察星空，认为地球浮在气中，并不断地回旋浮动；日月星辰则布满在星球上，并附在天球上运行。汉武帝时期的天文学家落下闳最早提出了浑天说，并制作了浑仪。元代天文学家郭守敬将浑仪简化，创制了简仪。明代复制了浑仪和简仪。

继康熙年间创作7架仪器之后，乾隆九年，乾隆帝又下令，按照中国传统的浑仪再造一架新的仪器。乾隆十九年（1754）建成后命名为玑衡抚辰仪。至此，清代8架新仪全部制造完毕，而两架明朝旧仪则转移到台下收藏。每逢玉兔东升或繁星满天，台上各种天文仪器便一齐对准浩瀚的星空，呈现宇宙深处的天体变化，这种观测水平是当时世界上许多国家望尘莫及的。

古台的8架仪器开创了新的天文纪元，那就是开始采用了圆周一周360度的划分方法。在这之前，中国人对圆周的定义是365.25度。古观象台台顶上这8架仪器，上边的刻度一圈全都是360度。紫金山天文台明代的天文仪器，一圈是365.25度。这是一个起点，西方的天文学和几何学深刻影响着近现代中国。

传统的圆周跟时间"年"有关系。对古人来说，圆周的一圈是观测到太阳在天上的一周运行用了多少天，一天叫一度，这是跟自然、日月相对应、相和谐而出来的数字。一周用360等分非常方便，除以4、6和8、9都能除尽，因此沿用至今。

在望远镜发明以前，8架古典天文仪器都在台上工作。工作人员在整理清代文献的时候，发现当时测量天文和气象是合在一起的，天象和气象也是同时进行测量的，台上也安置有风旗、量雨器。因此，清代改明代"观星台"为"观象台"，风从哪里来或者哪里发生了地震，都会被记录下来。

传统东西方天文仪器在政治和文化上具有的意义不可同日而语。明清管理皇家天文台的部门并不是当时管理科学技术的工部，而是六部之首的礼部。在古代中国，天文观测仪器为国之重器、礼器。它的图案也是最高的级别"龙"，实际是皇家的象征。

而文化意义上的龙，更是中国人的图腾。龙的表征是生命和"天地生人"的哲学传统。中国传统哲学敬天敬地，龙秉承天地之气而生。人要认识和学习"龙"的特征，只有依四时而过，才能称为真正的人。按照这样的法度，人人都可以修行圣人之道。《黄帝内经》里就说，如果遵从四时、法于阴阳，那么就是天子，并不是说只有皇帝是天子。在这个理念中，人和龙一样，秉天地之气而生，人生于地而悬命于天，所以叫顶天立地。

在清代《皇朝礼器图式》中，开篇就是介绍古台所有的8架仪器，它们承载了中国古代的核心文化。迄今我们在故宫看到的明清时期制作的礼器，有服务于内廷的，也有服务于外朝的。作为独立的外朝部门，古观象台对于理解"礼"制社会有着十分重要的作用，而这也是中国礼制社会最后的辉煌。

明清时期，西方科学文化发展的水平逐渐超过中国。康乾时期，大清国力强盛，尚有余力，此后政府就再也没有大规模地制作国家级别的青铜礼器了。1900年八国联军侵入北京，德法两国侵略者把古观象台的8架仪器连同明朝时期制作的简仪、浑仪一共10件文物平分，各劫走5件。法国将仪器运到法国驻华大使馆，1902年归还；德国则将仪器运回波茨坦离宫，直到一战以后，根据《凡尔赛和约》的规定，于1921年装运回国，重新安置在观象台上。这一事件也被称为"灵台劫难"，因为天文台也叫灵台。这20余年可以说是古台的耻辱史。

1927年，位于南京的紫金山天文台建成，古观象台不再作为观测研究，于1929年改为国立天文陈列馆。1931年，在九一八事变后，日本侵略者进逼华北。为保护文物，当时的国民政府将浑仪和简仪等7架仪器运往南京，至今仍陈列于紫金山天文台和南京博物院，而北京古观象台仅存清代制作的青铜天文仪器。

古台在新中国成立之后迎来了新生，被移交给北京天文馆管理。1982年，北京古观象台被列为全国重点文物保护单位，并于1983年重新对外开放。北京晴朗少雨、气候干燥，适于青铜器文物保存。现在，我们还仍能清晰看到青铜器上雕刻的飞龙祥云纹饰的脉络。

如今再访北京古台，值得一提的是，古台上的8架仪器并没有人们想象的那么笨重，而是相当实用。日常的使用让青铜器的表层形成了一层氧化膜，俗称包浆，迄今仍可以看到淡淡的青铜光泽。仪器在1995年大修过一次，把不太容易转动的地方都重新调试好了。因此从功能角度来讲，仪器至今依然可以运行。

如今的古台是一个重要的科普教育基地，以科学和艺术的融合影响了新一代的中小学生。古台同时是一个重要的爱国主义教育基地，它代表了中国人深厚的时间哲学，而它所遭遇的屈辱更加不能被人遗忘。

北京奥运博物馆:"双奥之城"的荣耀

带着问题看正文:
"奥运三问"是哪三问?

●● 本馆简介 ●●

　　北京奥运博物馆是以北京奥运会为主题的永久性专题博物馆。2007年建馆事宜被提上议程,2012年布展完毕,2019年12月30日全面开放。博物馆收藏了2008年北京奥运会开幕式的演出服、缶阵道具、奥运火炬等重要历史见证物。2021年12月,北京奥运博物馆升级改造。2022年8月23日,北京奥运博物馆在北京冬奥会后首次开放。同年,北京奥运博物馆成为国际奥林匹克博物馆联盟第三十三位成员。北京作为全球唯一的"双奥之城",也让北京奥运博物馆具有了不一样的荣耀。

踩在脚下的镇馆之宝

2008年北京奥运会结束不久，市文物局就开始筹建官方唯一以奥运为主题的永久性专题博物馆。最初的想法是，在鸟巢体育馆辟出一部分场所建立奥运博物馆。不过，选址过程几经波折。考虑到奥运博物馆本身属于一个遗址类博物馆，选址原则是事件的发生地。开始选址在奥林匹克公园下沉广场，直到2010年初才决定了最终的位置，也就是鸟巢的零层南侧。如今，这里已经成了具有地标性的体育建筑和奥运遗产。

奥运博物馆属于一个"年轻的博物馆"。从博物馆生命历程来说，奥运博物馆还是一个婴儿，但在数十年、上百年之后，这里将成为城市发展史上重要的遗迹。

博物馆序厅有两件值得一提的展品，其中一件是被工作人员称为"镇馆之宝"的巨型地画。称其为"地画"是因为它位于进门处，被铺在了地下，由透明玻璃展板保护，游客进门时就可以低头看到。这也是博物馆的第一件奥运藏品。这幅巨大的画卷来自北京奥运会开幕式，是历史的见证物。在开幕式的文艺表演中，身穿墨黑色服装的舞蹈演员以地面为画布，身为画笔，舞蹈为线条，勾勒出中国山水画的轮廓；而上面的色彩是由各位参与的小朋友添加的颜色，展现出北京奥运会中"绿色奥运"的理念。

在地画中，人们还能看到缤纷的脚印。这幅大画卷曾在运动员入场时铺在场地中央，约15000名运动员从它上面经过，形成人类美丽家园的景象，充分表现了全世界爱好体育、爱好和平的人们追求和平的理念。

画布的材料从外观看像普通纸张，其实是使用先进的航天技术做成的合成材料。画布长20米，宽11米，厚11厘米，铺满了整个序厅。画布的延展性优良，虽然厚达11厘米，但仍然可以自然弯曲。而在开幕式画卷节目表演时，70米长的卷轴打开，画布也跟着一起展平，现场效果震撼人心，体现出科技奥运的理念。2008年北京奥运会的理念是"绿色奥运、人文奥运、科技奥运"，当人们来到奥运博物馆，立刻就会重新回忆起开幕式时的壮观场景。

苏绣《和谐——百年奥运中华圆梦》也被安置在显眼的位置，它是2008年北京奥运会主题的重要载体。主图案是29只五色鸟，寓意是在第29届夏季奥运会上，世界各国运动员飞向中国，飞向北京，共同参加这个盛大的体育盛会。画面以蓝天、白云为底，从左到右依次是雅典卫城和爱琴海，逐渐过渡到北京天坛、长城和珠穆朗玛峰，寓意是从上一届奥运会举办地雅典来到本届举办地北京。29只鸟拥有五种颜色，寓意五环。代表其他如天鹅等中西方文化中同样代表吉祥、如意的元素，寓意美好。作品《和谐——百年奥运中华圆梦》全长2.9米，高1.12米。2.9米寓意第29届北京奥运会，高1.12米寓意2008年是现代奥运会诞辰的112周年。宫廷匠人制作出大量绝世艺术珍品，走进新时代，由人民共享的文化物品依然精美且富于文化内涵。

2008年北京奥运会倒计时14天时，由苏州市人民政府将这幅苏绣捐赠给北京奥组委。这幅作品曾出现在第一届奥林匹克博览会嘉宾厅，奥运会结束后移交北京奥运博物馆留存收藏。

这幅苏绣的作者是大师姚建平女士，她带着自己的28个学生，历时3年多，经过8次修改最终完成。图像色调素雅，用线颜色却包含了5000多种，共用线2.8公斤。通过不同色度的调和，画面整体呈现立体凹凸有致、要素栩栩如生，体现了中国非遗文化的博大精深和大师的匠心。

博物馆的和字厅利用奥运会开幕式表演中的"和"字元素作为设计

核心。"和"就是"和谐"之意，这也是奥运会开幕式上非常重要的元素。和字厅的演出是借助988个高科技机电装置，模仿活字模也就是活字印刷板的动程，一个个"和"字块在富有节奏和韵律的音乐伴奏下舞动，出现高低起伏的造型变化，并通过弧形的投影屏幕呈现，为观众展现人与自然的和谐统一，以及中国人以和为贵、热爱和平、讲求和谐的美好愿望。

"奥运三问"

奥运博物馆的常设展厅主要有"百年奥运、中华圆梦""科学发展、统领筹办""无与伦比、世界同欢""两个奥运、同样精彩""奥运之城、世界之城""冬梦飞跃、相约北京"六大展区。一公里的展线，向公众传达奥运会的背后故事和文化。

"百年奥运、中华圆梦"的背后，是关于"奥运三问"的提出和解答历程。1908年，第六届田径运动会举行闭幕式时，时任天津青年会代理总干事通过国际渠道得到了伦敦奥运会的幻灯片，并带到南开学校操场给学生放映。还有另外一种说法是放幻灯片者为当时的南开大学的校长。对于当时的学生而言，"奥运会"是一个巨有强大冲击感的新事物，不久，这些受到震撼与启发的学生投书《天津青年》杂志，发出了"奥运三问"：

（1）中国什么时候能够派运动员去参加奥运会？

（2）我们的运动员什么时候能够得到一枚奥运会金牌？

（3）我们的国家什么时候能够举办奥运会？

在中国的体育事业还没有立足之地的年代，一批受到"奥运会"这一新事物强烈冲击的爱国青年，向社会、国家、所有人发出了疑问。从那以后，中华民族就开始了漫长的解答过程。

1932年爱国体育人士刘长春作为奥运第一人独闯第十届夏季奥运会，1984年许海峰获得第一枚奥运会金牌，2008年北京奥运会的成功举办，完美回答了"奥运三问"。从1908年到2008年，整整一个世纪，反映了中国人参与世界体育竞赛的百年历程。

馆藏刘长春独闯第十届夏季奥运会的照片

刘长春作为当时中国派出的唯一一名运动员，代表了4亿中国人首次参加了洛杉矶第十届奥运会。照片上的刘长春，身着白色上衣和黑色短裤，寓意白山黑水，表现了一种特殊的爱国情怀。

照片旁的藏品皮箱，是当时刘长春带去参加奥运会的皮箱复制品，原件藏于刘长春的故乡——大连现代博物馆。在刘长春准备参加洛杉矶奥运会时，南京政府没有批复任何款项。只有时任东北大学校长的张学良给了刘长春8000银圆以及这只皮箱，这样刘长春才得以顺利奔赴美国参加奥运会。

国民政府的行为颇值得玩味。时间回到1931年，日本关东军占领了中国东北，并扶植一个伪政权"满洲国"。日本迫切需要为匆匆登场的伪满洲国寻找一个貌似合法的国际身份，而奥运会无疑是一个再好不过的平台。日本关东军多次威逼利诱当时的知名运动员刘长春，并在特务机关操纵的报纸上连续5次刊载虚假消息，妄称刘长春将代表所谓满洲国参加洛杉矶第十届奥运会。在这样的背景下，刘长春发表公开声明，表示将以中国运动员的身份参赛。中国体育组织急电国际奥委会，为刘长春报名。软弱的国民政府为避免"国际争端"，不予公开支持。在张学良慷慨的资助下，刘长春踏上旅途。1932年7月30日，仅有6人临时组成的中国代表队第一次出现在奥运会的开幕式上，刘长春作为唯一的参赛选手，手擎国旗走在最前面。当时的美国媒体写道：刘长春，中国4亿人的唯一代表。

遗憾的是，由于旅途劳顿，刘长春放弃了400米跑；而在100米、200米预赛中，分别获得第五名和第六名，均未能进入决赛。然而，历史却把这一瞬间永远定格：历经磨难参赛的刘长春不畏日军的威逼利诱，带着全中国人民不甘落后、不甘屈辱的决心，迈出了一个民族正式走进奥运赛场的第一步。

刘长春迈出了第一步，也是中国人打破"东亚病夫"魔咒的第一位奥运会运动员。而中国真正发展人民体育事业，是在1949年中华人民共和国成立之后。1952年，毛泽东主席特地为刚成立的中华全国体育总会题词："发展体育运动，增强人民体质。"而正是这一年，中华全国体育总会就面临了一次严峻的考验：作为刚刚成立的新中国，第一次派出代表团参加在芬兰赫尔辛基举行的第十五届奥运会，整个过程充满了波折。

1952年2月5日，中华全国体育总会按照《奥林匹克宪章》的规定，致函国际奥委会，声明中国要参加第十五届奥运会。中华全国体育总会还声明，中华全国体育总会（"体总"）是代表中华人民共和国的唯一合法体育组织，愿继续参加各个国际体育联合会的组织、会议与体育活动，决不允许台湾用"中华全国体育协进会"的名义进行任何活动。

7月18日，中国方面接到了第十五届奥运会组委会主席欢迎中国代表团参加奥运会的邀请信，而7月19日奥运会就开幕了。周恩来总理紧急批示："要去！把五星红旗插到奥运会就是胜利！"这份批示指出了参赛的重要政治意义：虽然正式比赛可能赶不上了，但是可以参加友好活动。

7月23日，中国参加第十五届奥运会的代表团宣布成立。当时的代表团成员包括：团长荣高棠，副团长黄中、吴学谦，总指导董守义，代表团由男子篮球队（教练员牟作云）、足球队（教练员李凤楼）和男子游泳选手吴传玉，以及随团译员、医生、记者等共40人组成。

7月29日，距离第十五届奥运会闭幕只有5天了，代表团才到达赫尔辛基机场。董守义一走下飞机，就受到前来迎接的熟识的国际奥委会委员的拥抱。当天中午，在奥运村内举行了升旗仪式，中国体育代表团整齐地站在旗杆前，大批新闻记者和其他国家的运动员闻讯赶来。这是中国在奥运会的赛场上第一次升起五星红旗。

遗憾的是，中国代表团到达时，大部分比赛已近尾声。只有游泳选手吴传玉赶上了比赛，他也成为新中国成立以后第一位正式参加奥运会比赛的运动员。由于旅途劳累，吴传玉百米预赛成绩为1分12秒3，位列小组第五位，没有获得决赛权。足球队和篮球队则与芬兰的球队进行了数场友谊比赛。

8月1日晚,中国体育代表团举行了盛大的酒会,招待来自世界各地的朋友。来参加酒会的不仅有来自苏联和东欧社会主义国家的朋友,还有美国、英国、加拿大、奥地利、新西兰、瑞典、瑞士、澳大利亚和芬兰的朋友,他们称赞中国代表团忠于奥林匹克理想,在奥运会开幕后还赶来参赛。

新中国首次参加奥运会历尽艰难,但飘扬在奥运会会场上空的五星红旗向全世界表明我们的合法权利。同时,中国体育代表团也在参赛过程中表达了热爱和平、愿同世界人民加强友谊的良好愿望。

时间来到1984年第二十三届洛杉矶奥运会,奥运会开赛的第一天举行了男子自由手枪60发比赛,26岁的中国射击运动员许海峰以566环的成绩获得金牌,时任奥委会主席萨马兰奇先生给他颁奖的场景被摄像机拍了下来,这张照片成为奥运博物馆的珍贵藏品。它记录了中国获得第一枚奥运会金牌的光辉时刻。

鲜为人知的是,这位实现了"零的突破"的英雄过去曾经做过赤脚医生和供销社售货员。许海峰夺冠的成绩激励了亿万华夏儿女。

1990年,我国首次成功举办了第十一届北京亚运会。亚运会取得的巨大成绩不禁让人们产生了更美好的愿望:我们要是能举办一届奥运会就更好了。从此,申办一届奥运会成为民心所向。

1991年4月,北京2000年奥运会申办委员会正式成立。1993年1月,中国代表团按时递交了奥运会举办的申请书。2000年是一个关键节点,21世纪的伊始,这一年的奥运会也被赋予了特殊的含义。申奥作为国家既定目标,申办委员会全力以赴。至此,中国开始了漫长的申奥之路。英国、德国、澳大利亚等多个强劲的对手都在争夺这届奥运会的举办权。

1993年9月24日是申奥成功名额的公布日期，北京以两票之差败于澳大利亚的悉尼。

不过，第一次申奥失败，并没有削减亿万人民期盼举办奥运会的决心。紧接着北京迎来第二次申办奥运会的历程。1999年4月，北京再次向国际奥委会递交了2008年奥运会的申请书。2001年，北京向国际奥委会正式递交申办报告，表达了在具有5000多年灿烂文化的中国举办一届奥运会的愿望。当时，国际奥委会协调委员会的评估团来到北京，做过一个实地的民意调查，北京民众的支持率高达94.6%。可以说，北京2008年奥运会的举办，既是实力的表现，也是人心所向。百年奥运梦，终于在此刻圆梦。

"北京欢迎你"

在奥运博物馆的展厅中，有三件（套）重要藏品代表了在北京2008年奥运会筹备举办过程中的三件最重要的事情，这就是：奥运会徽的发布、奥运吉祥物的发布以及奖牌的发布。

奥运会徽"中国印·舞动的北京"，是北京奥组委从1985份参赛作品中甄选出来的。它将"京"字、肖形印和奥运五环徽有机地结合起来，是奥林匹克精神与中国优秀传统文化的完美结合。

象形字"京"演变成中国印的这个形式，属于阴文印。设计人员综合了几方面的设计理念。首先，从字体来看，它属于龙形字。"京"不仅是舞动的人形，还隐喻了流动的龙的形象，代表了中华民族的图腾。甲骨文中龙字的艺术特征和被赋予龙文化的运动人形有机结合，展现出了龙的传人的运动风采。寓意是生生不息，也是中国传统形象的代表。其次，颜色属于中国红，极具中国特色。

2005年11月11日，距离第二十九届北京奥运会开幕式1000天时，奥运吉祥物福娃正式发布问世。5个形象都融入了中国文化，它们分别是：鱼形象的贝贝、大熊猫形象的晶晶、圣火形象的欢欢、藏羚羊形象的迎迎和北京沙燕风筝形象的妮妮。将五个吉祥物的名字连起来叫，正好发音为"北京欢迎你"。

鱼是中国传统吉祥的代表，"年年有余"是最常见的新春祝福，在世界各地的文化中，鱼也扮演着重要的角色。大熊猫是中国特有的珍稀动物，受到全世界人民的喜爱。圣火不仅象征了奥林匹克的火种，也代表了中华农耕民族的火神崇拜。藏羚羊也是中国特有的珍稀动物。沙燕风筝则是北京特有的国家级的非物质文化遗产。福娃，既能体现北京乃至中国悠久的传统文化脉络，也代表了世界文化的交流和互通。

2007年3月27日，北京奥组委向全世界公布了北京奥运会奖牌设计方案"金镶玉"。所谓"金镶玉"就是在奥运会奖牌传统的金属材料中镶嵌上中国元素的玉石。在中国文化中，"金镶玉"寓意"金玉良缘"。奖牌的正面，是国际奥委会的统一图案——插上翅膀站立的希腊胜利女神和希腊的潘纳辛纳科竞技场，以及奥运五环。奖牌背面镶嵌着取自中国古代龙纹玉璧造型的玉璧，背面正中的金属图形上镌刻着北京奥运会会徽。人们形象地称它金（银、铜）镶玉奖牌。金牌、银牌和铜牌仅材质不同，图案一致。奖牌"金镶玉"的玉，使用的是青海昆仑玉。金玉良缘的概念，体现了我们寄予这届奥运会的美好祝愿。

白色大理石雕塑《飞翔》是最飞扬的奥运记忆，也是博物馆中最饱含奥运情谊的一件藏品。它是特邀法国著名的雕塑家彭赛为博物馆量身定制，以奥运为主题创作的雕塑作品。大理石采用意大利佛罗伦萨小镇上克拉拉的白色大理石，这也是欧洲所有顶级的雕塑家会选用的大理石。

雕塑《飞翔》是圆润的，让人似乎感受到一种节奏感，有一种音律的流动。这是彭赛对北京奥运会的理解。2008年奥运会期间，彭赛不仅观看了奥运赛事，还去了解一些相关的故事，由此体会奥运会的精神，最终把自己的雕塑特点也融入进去，传达奥运会带来快乐的一种理念。雕塑所具有的简洁造型，以及白色大理石本身具有的纯洁、阳光的形象，表现出法国人特有的浪漫。彭赛从2008年开始受邀设计，到2015年最终完成，耗时达8年之久。

彭赛也颇具奥运文化情结。他的工作室离奥林匹克之父顾拜旦的故居很近，所以他很多的灵感也受到这位奥林匹克之父的影响。在创作过程中，彭赛更是常到顾拜旦故居里坐一坐，体会他的奥运情怀，以及他把现代奥林匹克运动发扬光大的过程。

把这件雕塑称作最饱含奥运情谊的作品，是因为国外很多雕塑家无论是捐献还是售卖作品，往往会选择保留部分知识产权。而彭赛把雕塑的全部知识产权全都赠予了北京奥运博物馆，后来奥运博物馆的LOGO也是基于雕塑而产生的，寓意是鼓励青年人去拼搏、追逐自己的梦想。

"一起向未来"

北京奥运博物馆有一个单独的展区，它属于北京2022年冬奥会。进入展区，首先令人瞩目的就是历届冬奥会会徽的徽章集锦。从第一届到第二十三届，共展出24枚徽章，其中包括第二十三届冬奥会的会徽，以及1枚国际奥委会的会徽标志。

会徽的设计和制作，要照国际奥委会的惯例和规定要求，它主要包括奥运五环的标志、本届奥运会的地名及年份，另外也会带有举办国的特点，融入国家的标志元素。通过24枚徽章的横向比较，文化上的差异一目了然，这充分证明了世界文化和文明的多样性。

2019年9月17日，北京2022年冬奥会吉祥物"冰墩墩"和冬残奥会吉祥物"雪容融"揭开面纱。冰墩墩是一只拥有百变冰晶外壳的熊猫。它的创意来源是冰糖葫芦，出自广州美术学院视觉艺术设计学院副教授刘平云之手。刘平云介绍，冰糖葫芦是他儿时对北京的记忆，而且糖葫芦外表的"冰壳"也与冰雪运动有些联系。熊猫的名称也借鉴了冰糖葫芦的"糖墩儿"的说法。"墩儿"是一个容易引发形象联想的词语，像邻家小孩一样健康、活泼、可爱。后来考虑到南方人和外国人不容易发出儿化音，"冰墩儿"修改为"冰墩墩"。

冬残奥会的吉祥物"雪容融"，是第一个内在能够发光的灯笼。灯笼的创意来源于吉林艺术学院设计学院产品设计专业本科生姜宇帆对家乡小兴安岭深处县城年味儿的印象。而在给这件作品起名时，考虑到与"冰墩墩"对仗，就用了"雪"字对"冰"字，而灯笼给人以暖融融的感觉，为了体现包容和交流，采用了"容"和"融"两字。传统的中国元素用全新的设计语言来诠释，展现了中国传统文化与科技创新的完美融合，也是中国文化与奥林匹克精神相互融合的具体体现。

北京2022年冬奥会的主题口号"一起向未来"符合构建人类命运共同体的中国倡议，体现了"共享办奥""开放办奥"的理念，不仅符合全世界需要携手走向美好明天的共同诉求，还符合奥林匹克运动、残疾人奥林匹克运动的核心价值和愿景，以及追求团结、和平、进步、包容的目标。

中国印刷博物馆：梨枣镌古今

带着问题看正文：
雕版较多用的木材是梨树还是桃树？

●● 本馆简介 ●●

中国印刷博物馆被誉为世界上最大的印刷专业博物馆，它包括中国古代印刷展厅、近现代印刷展厅、综合展厅和印刷机械展厅。另外还包括"纸币证券印刷"、"邮票印刷"、"绿色印刷"、"馆史展"和"中华出版文明精品展"等专题展示，系统展示了我国印刷技术的发展历史。尤其是位于地下的机械展厅更是中外器材的大集合，保存了100多台海内外近200年大大小小的各式印刷机器。它代表了世界印刷工业进步的历程，也是非物质文化遗产或工业遗产的组成部分。

文字的故事

了解印刷术离不开对文字（汉字）的认知，而文字也无法脱离它的载体而单独存在。因此，中国印刷博物馆的一楼就从文字开始讲起。中国最早的文字是甲骨文，大约出现在3600年前的商代。由于刻在龟甲兽骨上，所以叫甲骨文；又由于是契刀所刻，所以也叫"契文"；内容则多以占卜为主，因此又叫"甲骨卜辞"。甲骨文是商代晚期最主要的文字形式，考古发现的卜骨数量众多，共计10多万片约4000单字，构成了基本的文字符号系统。其内容主要是商王室的占卜记录，也可见多邦国部族的族徽称名。甲骨文是迄今为止中国发现的年代最早的成熟文字系统，是汉字的源头和中华优秀传统文化的根脉。

甲骨文为何被称为文字而从原始人的符号记录中脱离出来呢？这是因为甲骨文已经具备汉字构形的各种类型。《说文解字》确立了定型古汉字的符号系统，传统"六书"中包括"四体"，即象形、指事、会意、形声，甲骨文都已经具备。因此，殷商晚期的甲骨文已经基本确立了构形方式，构形系统逐步发展成熟。再从出土文物所表现的使用功能来看，商代晚期的甲骨文确实是一种经历了较长时间发展、结构成熟、功能完备的文字符号体系，是可以确定的汉字进入成熟阶段、体系完整的文字样本。

甲骨文之后出现了钟鼎文，也叫金文，是铸造在青铜器上的铭文。商周是青铜器繁荣发展的时代，而青铜器的礼器以鼎为代表，乐器以钟为代表，"钟鼎"就是青铜器的代名词。其实，据文字记载，中国在夏朝就已经有了青铜技艺，到殷商时期，冶炼和铜器的制造技术已经到了十分发达的水平。周朝称铜为金，所以铜器上的铭文也被叫作"金文"。金文应用的年代上至商代末期，下至秦灭六国，约800年。据容庚《金文编》记载，金文的字数共计3722个，可以识别的有2420个。

战国时期出现了碑刻，也就是在石头上刻字。碑刻在中国古代有不同的类型。在地面立长方形竖石，作为永久性纪念物或标记者，被称为碑，镌刻的文字被称为碑刻；圜首且上小下大，叫碣。在历史中还有其他类型，如横长方形的刻石，如《开成石经》等，或直接刻在山崖上，叫摩崖石刻。中国现存最早的碑刻是战国时代的秦石鼓及中山国监囿守丘刻石等。汉魏时期，伴随圆润凝练的隶书书体的问世和发展，碑刻艺术也发展到巅峰。

刻字，先于造纸术和印刷术出现，是早期文字和文化迅速发展的基础。另外，在纸张出现之前，丝帛和竹简也曾作为文字传播的重要载体。到东汉蔡伦改进了造纸术，人们用树皮、麻头、破布、旧渔网等更廉价易得的植物纤维为原料造纸，纸的成本大大降低，而质量则大大提高，对于文字和文化的大众传播真正起到了推广作用。

"蔡侯纸"

在中国科学技术发展的历史上，人们总结了中国古代对世界具有很大影响的四种技术——造纸术、指南针、火药、印刷术，这就是中国的四大发明。它是中国古代劳动人民的重要创造。而在这其中，对中国乃至世界的社会发展和文明进步影响最大的还是造纸术与印刷术。由于造纸术和印刷术之间的紧密联系，印刷博物馆虽名为印刷，却涉及上述两大发明的发展过程。

蔡伦是东汉桂阳郡人，桂阳郡也就是今天的湖南桂阳。蔡伦曾任主管御用器物的尚方令，他利用树皮、麻头、破布、渔网，经过挫、捣、抄、烘等一系列工艺加工造成了纸，并在公元105年献给汉和帝。这种纸廉价、轻便，被称为"蔡侯纸"。

公元105年被定义为发明造纸术的时间点。然而，后来的人们在考古中不断发现，早在西汉时期就已经出现类似的造纸技艺了。至少在公元前120年前后，已经有了类似的纸张。专家分析，西汉时期造纸术没有问世的根本原因在于其推广力度不同。民间匠人发明的造纸技艺，应用和造福于某个特定地区，直到蔡伦发现这一技术创新，通过朝廷的大力弘扬，被记录进皇家档案，以至推广各地，才有了造纸术的爆发。

然而即便是在东汉时期，造纸术也没有得到普遍应用。朝廷、贵族的书写材料仍以简牍和缣帛为主。魏晋南北朝以后，全国的政治和经济中心逐渐转移到长江流域，那里有更丰富的造纸原料，能够生产质量更好的纸张，造纸术才真正普遍应用开来。而晋人盛行抄书、藏书，正是得益于用纸的普及。

同时，相对于竹简来说，这种纸轻薄、方便携带、易于书写，自然是读书人喜闻乐见的。造纸术得到推广，蔡侯纸火遍全国，更是文化文明的幸事。在中华5000多年的历史长河之中，古人创造出无数具有开创性的文明事物，而真正能够应用并流传下来的却极为有限。造纸术使书籍以一种普遍能够接受的方式在更大范围内流传、保存、延续，可以说为中华文明的生生不息、薪火相传奠定了根本的物质基础。

在造纸术问世后，书籍还是主要靠手抄这种耗时耗力的方式流传，流通量依旧不大。当时印刷术的两大要件——文字和纸都已经有了充分的发展，但印刷术却没有立即问世，这和当时动荡的社会环境有关。而在魏晋南北朝之后，经历隋朝的政治大一统，印刷术最终得以在唐朝问世。

从"付梓刊行"到泥活字

有种说法是古代的巧手匠人根据印章的启迪发明了印刷术。历史上最早出现的印刷文字是封泥，一卷记录情报的竹简被捆好，绳子的联结处会用泥封住，盖上代表官职或部门的印章就是封泥，封泥带有保密的意思。此外，西汉是中国古代社会发展的一个高峰，不但经济繁荣，"独尊儒术"也让文化得到了充分发展，印章不仅应用于公章的领域，还有了家族使用的私章，乃至更具主观审美特点的文人章，适用于编纂和收藏书籍的过程，功能在于宣示主权。北宋苏东坡之后，字画钤印则成为一种普遍的文化现象。

受到颇为发达的印章和石刻技艺的启发，匠人们后来发现，木刻比石刻更为轻便，也更快捷，这就是雕版印刷的来源。最早的印刷术也叫雕版印刷术，大约出现在隋末唐初时期，当时主要的应用场景是佛经、历书等比较大众化的需求领域，而刚刚问世的科举制则让大众识字成为新兴的潮流，对更多有志的寒门青年来说，读书、买书成为最大的刚需。

早期用于雕版的常用木材是梓木，所以刻板也叫"刻梓"或"梓行"。梓木木材浅黄色，材质具有耐久性，至今仍用于造船、制作上等家具或古琴琴底等。明代以后，一般雕版用的是特定的梨木或枣木，此木不开花不结果，木质细密，便于雕刻。刻书因此也被称为"付之梨枣"。

与手抄书相比，雕版的特点（也是功能）是可以很方便地实现大量复制。而此前，无论是帛书还是竹简，传播的范围都极其有限。

印刷术的问世体现和满足了三大社会需求：一是在教育领域，隋唐开始科举取士，经史子集等经典书籍及注疏需要大量印刷出版——直到今天，教科书包括教辅书的市场依然非常庞大且重要。二是在历书印刷领域，中国是农耕社会，以农立国，历法是农民日常生活的重要指导，可谓影响国计民生。历书也叫时宪历或时宪书，由皇帝颁布，只许官方印刷，不准私人刻印，因此也叫皇历。以二十四节气为代表，老百姓的春种秋收乃至婚丧嫁娶都离不开历书。三是在民俗宗教领域，老百姓过年贴的年画，像玉皇大帝、门神、灶王爷等形象正是由于庞大的雕版印刷在更大的地域范围流行，它们在传播过程中也不断求同，从而推动形成更大范围内的文化共同体。佛教、道教等在隋唐时期在底层社会广泛传播，离不开雕版印刷术的繁荣。

总之，种种新的社会需求与雕版印刷术的发展可谓相辅相成。而在其中影响深远的是科举制，它深刻影响了中国传统政治制度。从隋朝到清末，中国社会共考取进士约16万人，武进士2万多人，状元近千人，举人秀才则数以百万。科举制打破了世族对统治权力的垄断，部分社会中下层有能力的读书人也能够进入统治阶层，获得施展才智的机会。中国科举制度引领了当时世界人才选拔的新潮流，日本、韩国、越南等国家纷纷效仿。16世纪到17世纪，传教士将科举取士制度带到欧洲，不少英国和法国思想家也都推崇这种公平公正的制度，渐渐形成欧洲的文官制度（科层制），法国思想家伏尔泰甚至称科举是中国文明的第五大发明。

从后来的技术来看，雕版印刷术的弊端是显而易见的。事实上，雕刻一部书需要的时间，比手抄一本书所需的时间更长，对匠人来说也需要更强的技巧。雕版的另外一个弱点是，使用时间久了会出现磨损。那时已经有能工巧匠想方设法地改进雕版印刷了，比如把部分常用的图案单独印制；再比如，刻错字的时候不是把整个板扔掉，而是用凿子把错字给凿出来，再找一个大小合适的木块刻上正确的字嵌进去。这正是活字印刷的表现方式。

据北宋科学家沈括《梦溪笔谈》卷十八《技艺》中记载，泥活字是庆历年间平民毕昇所发明。方法是用胶泥刻字，每字一印，经火烧硬而成泥活字，在两块铁板上交替排版和印刷。沈括称此法"若印数十百千本，则极为神速"。毕昇发明的泥活字印刷术，比德国的约翰·古腾堡活字印刷早约400年。

活字的优势非常显而易见，它们可以自由组合，可以换版，从而进一步提高了使用效率，同时烧泥的使用寿命也长于木材。不过雕版的优势在于，能够保证一批刻版完全一致。汉字的特点是个数很多，《康熙字典》就收录有47000个汉字。要使用活字印刷，首先要做一套活字，这是一个浩瀚的工程。而且，汉字有不同的组合，有些常用字需要准备多个。另外，在印刷生产中会存在规模效益问题，如果是大批量的生产，自然能够取得更大效益；但如果是少量印刷，例如家谱等，使用雕版会更加方便。

因此，学界认为，在印刷术的历史上，雕版印刷是第一个发展高峰，第二个高峰则表现为泥活字。但二者并不是线性的替代关系。在活字印刷发明之后，雕版印刷依然存在并广泛应用。人们考证出，单独存在的泥活字和补充雕版的木活字很多是同时代出现的。在活字印刷之后的几百年中，雕版中的套印、彩色套印依然取得了长足发展，并不断改良印刷的质量和美感。直到现在，以荣宝斋为代表的木版水印画、杨柳青的年画等，都是传统雕版印刷的发展成果。

活字印刷在实践中发挥的作用并没有在正史中记载。据《梦溪笔谈》记载，毕昇死后，他制作的那些活字被沈括的亲戚获得，才被记录进来。400年之后，德国人约翰·古腾堡发明了铅字的活字印刷。有学者认为，活字印刷术很可能是由俄罗斯或者通过阿拉伯商人传入德国的。而伴随着文艺复兴和工业革命的推进，古腾堡的铅字印刷术的影响大大超出了毕昇的泥活字，直到1500年，古腾堡的印刷术已经传遍整个欧洲大陆，甚至促进了欧洲从中世纪走向现代文明。

"一页宋版一两金"

宋朝是中华文明发展的辉煌时期。科举制的盛行、雕版和活字印刷术的成熟、商业的繁荣都给印刷术的推广创造了基础和条件。迄今为止，宋版书在书籍界及收藏界的地位毋庸置疑，这种珍奇的版本几乎可以用价值连城来形容。早在明清时期，宋版书就是藏书家们竞相搜求的宝贝，有"一页宋版一两金"的说法，现在的价值更加不止于此。

宋版书广受追捧，原因是存在的时间长、年代久远，更重要的是，宋朝是我国历史上文学、艺术发展的高峰时期，留下了大量纸墨。流传的宋版书多用纸精良，大致有竹纸和皮纸两类。所谓皮纸，就是以桑树皮和楮树皮为原料制成的纸张，色白而厚，两面光洁，品质高于竹纸。俗话说："纸寿千年，绢保八百。"纸的寿命是绢和帛的两倍。而宋朝至今也已经千年之久。宋版书流传千年，承载了宋朝以来的中华文化和文明，在接下来只能依托不断发展的科技水平进一步流传给后人了。

宋版书的另一个特点是刻版的精美。印刷术在问世后也不断进步，包括刻写技艺、纸张质量和排版等。宋代印刷品达到尽善尽美的程度，又以4个地区的本子流传最广，分别是浙江地区的浙本、福建地区的建本、四川地区的蜀本和江西地区的刻本。它们在书本刻印排版上各有不同的特点：浙本以官方刻印为多，建本则以发行量大见长，而且在世界上出现了最早的版权告示。

中国印刷博物馆馆藏《春秋经传》被称为"镇馆之宝"。《春秋经传》是我国国宝级儒学典籍善本,为南宋晚期杭州精刻本。全书尺幅长42厘米,宽28厘米。这本书也是海内孤本,仅有一份在世间流传。2005年,中国印刷博物馆曾特地举行《春秋经传》的入馆仪式,其资料价值和文物价值弥足珍贵,不言而喻。赵万里先生称,这本书可称为宋末浙本代表作。

卷首钤有乾隆皇帝的多枚印玺,包括"五福五代堂古稀天子宝""八徵耄念之宝""太上皇帝之宝""乾隆御览之宝""天禄继鉴"等,此外在卷尾也有"天禄琳琅"等印。乾隆是风雅帝王,收藏过大量书画卷轴。他晚年比较喜欢的一方印玺为"五福五代堂古稀天子宝",制于乾隆四十九年(1784)。当时,74岁的乾隆帝喜得玄孙,一堂五代,因此得名"五福五代"。"太上皇帝之宝"印玺制于乾隆六十年(1795),乾隆帝将皇位禅让后制作此印。

《春秋经传》出版距今将近千年之久,直观地反映了那个时代的信息。当下的我们能够看到、看懂并细细品味,仿佛在和千年前的古人对话,因此油然而生一种跨越时空的神圣感。这本书给人们带来的感动,既值得惊喜,更值得感激和敬畏。

宋体字诞生于宋朝吗?

字体是判定古书所出现的时代的重要标志。南北朝以来,佛教在中国有了爆发式的发展,随之而来的经书供应量也与日俱增,于是写经手这一职业由此诞生,并产生了一种专门的书体——抄经体。而明代开公车选士，要求士人都使用楷书答试卷，务求工整，也因此形成了特定书体，称台阁体或馆阁体。

雕版印刷字体也受到手抄字体的影响。唐代雕版印刷字体与抄经体类似。宋代雕版印刷迎来了黄金时期，但此时的雕版印刷字体却不是后来被大家熟知的宋体，而多以唐代名家的字体来入版。宋人工于书法，崇尚唐代书法家欧阳询、颜真卿、柳公权的字体，也影响到版刻业。如，蜀本以颜体居多，间架开阔，字行丰满；建本则柳体居多；浙本多欧体，纤细秀雅，字形略瘦；江西刻本既有柳体又有欧体。

既然宋朝人使用的是唐代名家的字体，为什么又有所谓"宋体字"呢？宋朝文化鼎盛，宋刻本精美大气，具有很高的收藏价值。明朝文人推崇宋刻本，出版界多有翻刻。但为求便捷，也为降低成本，出现了一种横平竖直、专门应用于印刷的方体字。

据版本学者屈万里、昌彼得共著的《图书版本学要略》中记载："嘉靖年间朱警所刻唐百家诗可证也。尔后梓人为便于施力，渐变而成横轻竖重，板滞不灵之匠体字，即今人所谓宋体字者。此类字体，始于隆万之际，后乃通行。"也就是说，宋体字最早问世于隆庆和万历年间。康熙年间问世的《文献通考》的序文也有记载，"凡方体称宋体字，楷书均称软字"。而"仿宋体"则是货真价实的宋代印刷体，南宋首都临安等地的印刷作坊里就曾出现。

宋体字一直使用到今天，作为印刷字体，确实具有其优势。宋体字和楷体字相比，所占空间更少。此外，宋体字方方正正，便于刻写，同时字形大方美观，颇为醒目。

宋体字为什么会出现"横细竖粗"呢？直接原因还是受木材纹理限制，采用横细、竖粗，并加粗笔画的端点，可以更好抵抗刻板的磨损。

观察雕版的横断面，顺着木纹刻就可以更细一点儿，逆纹理则需要更粗，否则容易被磨坏，也称作"飞掉"。而如果横竖一样粗，很可能"竖"已经不清楚了，而"横"还很清楚。雕版印刷在过去是匠人维持生计的饭碗，要尽可能发挥同一块雕版的最大效用。如果用一张普通的枣木或梨木作版材，刷到5000张方可整版报废。

俗语中的"有两把刷子"也和雕版印刷的技艺有关。当匠人们刻好了版，要用棕刷上墨，在雕版上刷，务求墨匀而不腻，这是第一把刷子；在刷好墨的版子上铺好宣纸，这时再用另外一把干刷子，把纸刷平，务求字迹清晰不晕。这两个过程说起来简单，但是对于技艺的要求非常高，因此就有了"有两把刷子"的说法。

宋朝不仅印刷经、史、子、集这类普通的印刷品，还印刷更为精美的钱币和广告等。北宋年间出现了中国最早的纸币"交子"，就和当时高超的印刷技术有关。直到今天，人民币仍然使用铜版或钢版印刷，也是雕版的一种。人民币目前共使用过五套，每套版都由中国人民银行回收保存，成为珍贵的文物。

铜活字的隐秘奇案

中国印刷博物馆现藏有清雍正武英殿版《古今图书集成》铜活字影印书，共分为5020册，每册又分上下卷，共1万余卷。明清时期出现的铜活字，是对泥活字印刷术的改良。铜活字的制法是，先用黄杨木刻字，然后翻成砂模，再注入铜液成字。明朝弘治正德年间，在无锡、常州、苏州、南京一带就曾广泛应用铜活字印书。《古今图书集成》由福建侯官人陈梦雷编纂而成，是现存规模最大、资料最丰富的类书。雍正四年（1726），由武英殿用铜活字印行。乾隆年间围绕这套铜活字发生过一个曲折的故事。

乾隆九年（1744），铜活字被销毁重铸。乾隆三十九年（1774），弘历曾特地作诗《题武英殿聚珍版十韵》，其中"毁铜惜悔彼，刊木此惭予"二句，小字夹注：

> 康熙年间编纂《古今图书集成》，刻铜字为活版，排印藏工。贮之武英殿，历年既久，铜字或被窃缺少，司事者惧干咎。适值乾隆初年京师钱贵，遂请毁铜字供铸，从之。所得有限而所耗甚多，已为非计。且使铜字尚存，则今之印书，不更事半功倍乎？深为惜之。

意思是：使用铜活字来印《古今图书集成》，并贮藏在武英殿，时间长了铜字经常被盗，负责人深感畏惧。乾隆初年，京师铜贵，有臣子奏请把铜字毁掉重铸他用。现在想来，得不偿失，如果铜字还在，用来印书（当时《四库全书》已经在编纂中），不是事半功倍吗？

铜活字为什么被重铸？其用处为何？有学者认为，乾隆年间铜贵，铜字用于铸钱之用。不过其实铜活字并没有被用于改铸铜钱，而是用作铸佛像。据乾隆二十五年六月初四军机处《上谕档》记载：

> 遵旨查询：武英殿现在有无铜字板并销毁时有无被人换去之处。据该馆官员称，乾隆九年十一月初六日武英殿将铜字板二万七千八百六十斤查明具奏，奉旨著佛保销毁备用，钦此。于乾隆十年正月二十三日因铸造雍和宫三世佛，复经奏请，此项铜板销毁应用。现今并无存贮铜板，亦无被人换去。等语。谨奏。

通过这则奏章可以得知，铜字在乾隆九年（1744）被重铸，铸造了雍和宫的三世佛。这则奏章的主要目的则是查明铜字有没有存贮、有没有被人换去的一桩旧案。

为什么乾隆九年（1744）的"换铜字"案，直到乾隆二十五年（1760）才查案？既然查无问题，怎么乾隆三十九年（1774）又特地作诗记载？这里面就涉及一位皇亲国戚，也就是管理武英殿事务的和亲王弘昼，也是弘历（乾隆帝）的亲弟弟。弘历诗中提到的"铜字或被窃缺少，司事者惧干咎"说明，偷窃者的地位要远高于负责人，正是有所指。

弘昼以贪财骄纵闻名。乾隆帝即位后，把父皇的雍亲王旧邸及财物全赐给了弘昼。有一次上朝，弘昼因事与军机大臣、获封一等公的讷亲有了小争执，竟然当着满朝文武的面殴打讷亲，却得到了乾隆的包容。

弘昼还喜欢给自己办"活丧"，让府里的家人祭奠哀泣，自己在一旁嬉笑饮酒，以为乐趣。他曾写作《金樽吟》："世事无常耽金樽，杯杯台郎醉红尘。人生难得一知己，推杯换盏话古今。"表述自己无意皇权帝位，只想把酒言欢及时行乐的心迹。他因此做了一生的"富贵王爷"，这首诗也被学者誉为"救命诗"。

乾隆登基后，弘昼长期负责内务府肥差和御书处。乾隆九年，雍和宫建成后，弘昼奏请熔铸铜活字，以铸造铜质摆件。乾隆批准这一奏议，然而最终送到铸炉处的只是有字的100多万个铜活字，被铸造为雍和宫的三世佛。无字的18万个铜字则落入弘昼手中，成了和亲王府内的铜炉和铜狮等摆件。这或许才是档案、文物背后所揭示的真相。

以乾隆皇帝的性格，对这样一件专门查过的案子，并能让他在诗中表达深深自责，并做专门夹注，可见他一直耿耿于怀，不可能忘记或误记。或许他是有感于乾隆年间的经济发展迟滞（铜贵），也有感于已经腐败的上层政治和司法（明知有问题却查无隐情），只能强忍不满，隐晦提及。

古腾堡印刷术和西方文明

古腾堡发明的活字印刷机对西方文明的贡献非常巨大而深远。古腾堡的印刷机开始是手动操作，后来变为机械操作。由于中国具有庞大的汉字字库，活字印刷术的使用并不那么频繁。而西方的活字印刷术则迅速应用于大规模生产并发挥了规模效益。

古腾堡对印刷的兴趣，是由宗教传播引发的。资料显示，15世纪30年代中期，他就开始尝试使用活字印刷。当时，他利用金属铸造技术生产出可以排列和重新安排的单个字符，而后形成单词和句子。他后来还开发了一种高质量的油性墨水，更耐用，能让文字更清晰。而古腾堡最著名的成就是印刷了《古腾堡圣经》，它被广泛认为是西方文明史上最重要的书籍之一。

印刷术推动了西方的文艺复兴，而蒸汽机推动了欧洲的工业革命。在工业革命中，印刷图书产业进一步大爆发，二者相互关联、相辅相成。站在全人类的角度去看，印刷术对整个人类文明的作用发挥着至关重要的作用，被称为人类文明之母。

现在，印刷术的使用范围变得更加广泛，从印染衣服特别是文化衫，到日常常见的复合地板、桌面贴皮甚至木门花纹，再到窗帘、各类包装袋、各类说明书，印刷在各行各业中也变得越来越重要，而在这些不为人注意的审美细节中，彰显的是文化繁荣给后人带来的福祉。

中国电影博物馆：光影的历史

带着问题看正文：
中国电影第一人是谁？

●● 本馆简介 ●●

　　中国电影博物馆是纪念中国电影诞生100周年的标志性建筑，也是目前世界上最大的国家级电影专业博物馆。博物馆设有21个展厅和对外公共活动及展示区域，展示总面积约为13000平方米。这里是展示中国电影发展历程、博览电影科技、传播电影文化和进行学术研究交流的艺术殿堂，也是爱国主义教育基地、廉政教育基地、青少年电影文化活动基地和科普教育基地等。

　　（本文根据对中国电影博物馆张树新、刘思雨的采访整理而成。）

中国电影的诞生

文婕（以下简称文）：将世界电影和中国电影的诞生做一个对比，在当时的国际环境中，我们国家的电影发展只比国际电影晚了10年，也能证明中国电影人的成绩。

张树新（以下简称张）：中国电影晚了10年，现在看不算太长。而且，中国早期电影的拍摄水平、艺术水准很高，包括动画片等。1895年12月28日是世界电影的诞生日，这一天，在法国巴黎一个规模颇大的咖啡馆里，卢米埃尔兄弟放映了他们制作的短片。电影问世后，迅速传入我国，首先在上海开始放映，继而于1902年在北京第一次与观众见面，地点是在前门外打磨厂的福寿堂，当时是由外国人放映的。北京人首次自主放电影是1903年，商人林祝三购得洋影片和放映机在天乐茶园放映活动画面，当时还是无声电影。

文：中国电影的诞生界定为哪一年？

刘思雨（以下简称刘）：中国电影的诞生到现在还是有所争议，但是学界约定俗成的说法是1905年由任庆泰拍摄的中国第一部国产电影《定军山》。当时，北京丰泰照相馆的老板任庆泰看到外国人拍电影、放映电影能获得收益，他也想拍一部以京剧为内容的电影。巧合的是，1905年是京剧名师谭鑫培的六十寿辰。晚年的谭鑫培在艺术造诣上"炉火纯青"，演老生更是驾轻就熟、游刃有余。在任庆泰的邀请下，谭鑫培也为了给自己的戏曲生涯留个纪念，同意拍摄一部电影。于是，任庆泰带领自己的徒弟，给谭鑫培拍了一部30分钟的京剧选段《定军山》。《定军山》选段取材于《三国演义》第七十回和第七十一回，讲述的是蜀国老将黄忠打败曹操大将夏侯渊等人，夺取了定军山的故事。谭鑫培在镜头前表演了自己最拿手的几个片段。这部无声电影的首次放映，选择了刚刚成立的北京第一家影院大观楼，一时间万人空巷。任庆泰经此一役，名满京城。由于《定军山》放映之后效果非常好，各大影戏园也都争相开展电影放映的活动。

在任庆泰拍摄《定军山》的背后，还有一段与慈禧太后有关的故事。任庆泰曾被慈禧授予四品顶戴花翎，原因就是他照相照得好。任庆泰早在1892年就拥有了自己的丰泰照相馆，以拍合影和戏装照闻名，达官显贵纷纷前往，最终惊动了慈禧。慈禧爱美，在控制清朝最高权力之后，身边阿谀奉承之声更是让她颇为"自恋"。在照相机出现之前，她就喜欢让人画像。在照相这种艺术形式风靡北京之后，她也想试试。但给慈禧拍照有很多规矩，要跪着拍，还要全身照，上镜还要好看。当时很多满清贵族给她拍照，她不甚满意，但任庆泰能够完成这项任务，因此被赏赐四品顶戴花翎。虽然是个虚职，却代表了官方认可。也正是由于这个官方地位，让他有可能成为北京电影第一人。

不过北京的电影业一直没有超过上海，也是和慈禧有关。1904年慈禧太后迎来七十大寿，英国人给慈禧太后送的生日礼物是一部电影放映机，并为她放映了一场电影。谁知在播放过程中电影放映机爆炸了，引发了火灾。慈禧认为，宫中失火大不吉利，坏了生辰的兴致，于是下令谁也不能再在宫中放电影。在她的影响下，北京虽然是第一部影片的诞生地，但是电影真正被人们追捧和发展的城市，却是上海。

当时一些电影放映的场所也因为这件事情受到了影响，当时的京城治安管理机构勒令禁止放映夜场电影。所以,《定军山》在1905年拍摄完成之后,虽然取得了很好的观众反响,但是推广起来确实也受到一些影响。大概停止放映了七八年的时间,一直到1913年,清朝灭亡后才恢复了电影的放映活动。

中国第一家电影院的诞生则不是在北京。近些年关于中国第一座电影院究竟在哪儿是有争议的,可以说是争议很大的一个问题。通常学界认定1908年的上海虹口活动影戏院是中国第一座真正意义上的电影院。它是一个固定的场所。近些年提出来早期的电影院包括济南小广寒电影院、哈尔滨考布切夫电影院,甚至有青岛水兵俱乐部,都在说自己是不是第一家。北京1907年出现的平安电影院也比上海虹口活动影戏院要早,所以说这是一个有争议的话题。

文:如果说我们有一些电影爱好者特别是发烧友,想了解一下北京的第一家电影院、第一部电影的问世,应该去哪里去追溯?

刘:很多人可能都会想到前门的大观楼,现在还在。其实,任庆泰在1902年就建立了大观楼,当时是一个商场,卖的基本上都是洋货,跟电影没有什么关系。因为当时周边的商铺很多,经营不是特别好,1905年,任庆泰在楼上二层开辟了小蓬莱茶社,单独批了一个放映的空间放映电影,但它不是一个专门意义上的电影院。到1907年,因为很多外商觉得北京观众观影的热情还是很高涨的,所以就萌生了要建立一座专门意义上的电影院的想法。美国商人成立了平安电影公司,平安电影院是平安电影公司下面一个非常重要的经营项目,地点在现在的东长安街王府井附近。这个电影院在当时是非常高端的观影场所,很多方面都领风气之先。它也是外片的首轮放映地点,和美国的很多电影公司包括派拉蒙、米高梅都有首轮影片放映的合同。

当然票价也比较贵，因为它所处的地点在东交民巷使馆界一带，周围人群的社会地位相对高，票价最高可以到1元、1元5角，而其他电影院一般只是2角、3角、5角。

对于新技术的引进，这家电影院也是非常超前的。当时刚开始有立体电影的概念，1925年平安电影院就引进了法国的立体魔术片，观众可以戴着红绿眼镜观看。另外就是有声电影放映设备的引进。从世界电影来说，1927年《爵士歌王》的诞生宣告着人类进入有声片时代，1929年2月，上海夏令佩克大影戏院引进了法国的有声放映的设备，最早放映了有声片。北京也是在同一年引进了同样的放映设备，开始放映有声电影。

文：平安电影院第一批播放的影片是什么类型？

刘：大部分是美国早期的影片包括米高梅、派拉蒙的。当时有一个统计，全年平安电影院放映电影大概在100部左右，美国影片大概是有40多部吧，占比40%以上。

西方国家早期的电影常以纪录片、滑稽片、魔术片为主，京剧则是中国电影业发展初期的独特内容。民国时期的著名影楼开明戏院始建于1922年9月，京剧大师梅兰芳专程带来拿手好戏《霸王别姬》，奏响了开明戏院的开始曲。开明戏院后来改名为民主剧场，梨园名宿梅兰芳、马连良、侯喜瑞、李多奎、李少春、谭富英等都曾在这里演出。鲁迅先生也是开明戏院的座上宾。

"中国电影第一人"

1913年,随着最后一个专制王朝的覆灭,代表现代派、自由主义和开明理念的电影业才开始步入正轨。被称为"中国电影第一人"的郑正秋出生于1889年,是中国最早的电影编剧和导演之一,也被称为"中国电影之父"。1913年,郑正秋编剧并参与导演了中国第一部短故事片《难夫难妻》。

文:说到中国电影的发展就不能不提一个人,电影界的老前辈郑正秋先生。

刘:郑正秋可以说是中国电影之父。之所以给他这么高的一个荣誉,主要是基于他为中国电影奠定了一个剧作模式,也就是家庭通俗剧。郑正秋和张石川都是中国电影的开创者,但是他们两个人不太一样。郑正秋早年从事新剧创作,其实也就是话剧创作,话剧当时叫新剧。他有很强的社会责任感,认为电影是要去干预社会的。所以他有一句名言,就是拍电影要在营业主义上加一点儿良心。而张石川的一句名言是,拍电影要处处为兴趣时尚。因此,他们两人的结合可以说恰到好处。1913年,郑正秋和张石川创办了新民公司,拍摄了中国第一部短故事片《难夫难妻》,也是体现了郑正秋的创作理念。他从故乡潮汕地区婚嫁的陋习开始讲起,一对青年男女经过媒人的撮合成为一家人之后不断产生矛盾,最终是大欢喜的结局。电影存在着早期影片明显的幼稚性和简单化,如演员都是文明戏出身,他们的动作和表情是夸张的,导演技术也不是很成熟。导演之一的张石川后来回忆说,导演的技巧是做梦。摄影机的位置摆好了,就吩咐演员在镜头前面做戏，做各种的表情和动作，不断表演下去，直到一盒200尺的胶片拍完为止。

他们开创了很多中国电影的第一，创办了明星语系学校，培养了像胡蝶、阮玲玉这一批女明星。另外，郑正秋在1935年前后拍摄的《姊妹花》取得了很高的票房成绩，还参加了在莫斯科举办的电影节并得了大奖。

20世纪30年代，郑正秋编剧和导演了众多抗战题材电影，包括他自编自导的《自由之花》和《热血忠魂》。不幸的是1935年7月16日，年仅46岁的郑正秋因病在上海去世。

文：我们都知道郑正秋先生主要的活动地域在上海，如果北京的影迷对他很感兴趣的话，能不能在电影博物馆看到他的一些东西？

张：我们馆藏郑正秋的一套书桌，是由他的后人捐赠的。中国的第一部短故事片《难夫难妻》正是在这张书桌上完成的。关于郑正秋的这套书桌能够在电影博物馆收藏，我们还要感谢建馆撰稿人之一朱天伟老师，他负责1905—1949年阶段的撰稿。撰稿的过程中也要征集藏品，有专家就说，如果你们能把郑正秋的一件东西哪怕是马扎征集过来，也非常珍贵。朱天伟老师本来就是搞电影的，很敬重郑正秋，这么一说他就更加重视，所以几经周折，最后终于在上海经朋友介绍找到了郑家后人。先是认识了郑正秋的小孙子叫郑大罗，接着认识了他的大哥郑一星以及郑一星的小儿子郑智。

为了表示尊重，撰稿组最后有10多位老师一起到上海去拜访他们。当他们听郑家兄弟说，目前他们还保存着郑先生用过的写字台、书橱、卡片盒，还有几件文房四宝，甚至可以捐给中国电影博物馆时，大家非常兴奋，同时也非常忐忑，就问郑家兄弟有什么要求？他们说，把我们家的文物捐给国家，一分钱都不要。当然，大家都发自内心地感谢郑氏亲属，最后为了把这些带有大师气息的珍贵文物妥善运到北京，由郑先生的曾孙亲自押运，一路陪护到博物馆。开馆当天，郑家后人参加了典礼，郑正秋之孙郑大罗先生此行又带来了郑正秋用过的笔砚和玉石笔筒。当他把这些交给领导小组组长刘建中的时候，流下了眼泪，哽咽着说："我真舍不得把这些东西拿出来，但是我们知道把这些东西放在电影博物馆，比放在我们家里更重要。"这番话也感动了在场所有人。

中国电影博物馆馆藏有中国第一台摄影机——著名的维纳氏35毫米有声电影摄影机，编号001。当时生产了多少台的说法不一，有说只生产了几台的，也有说生产了十几台的。博物馆馆藏摄影机属于北京电影学院穆德远先生所有，一直在博物馆借展。这台摄影机问世后立即投入影片《一江春水向东流》的拍摄，这部影片也成为中国第一部用国产摄影机摄制的故事片。

1947年中国第一台电影摄影机的问世和一个名叫郑崇兰的企业家分不开。20世纪30年代，郑崇兰在上海有一家专门设计制作照相器材和照相机的机器厂，名叫维纳氏照相仪器厂。1946年，在昆仑影业公司的支持下，维纳氏照相仪器厂扩建成维纳氏电影器材厂。在办厂的过程中，他们借来当时比较先进的美国制造的Mitchell NC型摄影机，通过拆卸研究，终于试制成功了中国第一台35毫米有声电影摄影机，这就是著名的维纳氏35毫米电影摄影机。1949年10月1日天安门城楼上开国大典的历史场面，就是用这个型号的电影摄影机拍摄的，所以它有很多人文价值。

从左翼电影到新中国人民电影事业

文：中国共产党成立后就非常重视新闻和文艺宣传工作，无论是在苏区、上海，都有大量的左翼作品出现。

张：我们馆藏有一套一级藏品，是纪录电影《延安与八路军》的影集。这部片子的拍摄背景是，红军长征到达陕北后，中共中央决定成立自己的电影队伍。于是1938年的秋天，在周恩来的安排下，袁牧之、吴印咸来到了延安，组建了隶属于八路军总政治部的电影团，人们都亲切地称之为延安电影团。它也是中国共产党建立的第一个电影机构，由此开创了人民新闻纪录电影事业。延安电影团把团结人民、鼓舞人民、打击敌人作为制作影片的目的，在极其艰难的条件下为新闻纪录电影事业作出了巨大贡献。从1938年至1946年，电影团克服了陕北物质上、技术上和生活上的各种困难，拍摄出《延安与八路军》《南泥湾》《红军是不可战胜的力量》《白求恩大夫》等新闻纪录片和素材，为开拓和发展人民电影事业作出了贡献。

延安电影团拍摄的第一部电影《延安与八路军》开拍于1938年10月1日，记录了抗日战争时期中国共产党领导全国人民积极抗战的故事。当时延安成为中国的抗战中心，突出表现了"天下人心归延安"的历史事实，也留下了极为珍贵的中国共产党第一代领导集体的影像资料。遗憾的是这部影片的主要素材在送往苏联进行后期制作期间不幸遗失，仅存的影集则成为当时历史最重要的见证。而电影博物馆珍贵馆藏的《延安与八路军》的影集是怎么回事呢？这套照片是影片在拍摄采访的创作过程中，工作人员同时用照相机拍摄的,它见证了中国共产党领导下拍摄的第一部人民电影纪录片的过程,因此也较为全面地反映了影片的内容。目前保存在中国电影博物馆8号展厅展览。

文:这个电影文件的丢失太遗憾了。那电影的内容是怎样的呢?

张:吴印咸等人的拍摄大概用了一年多的时间,从1938年的10月1日到1940年4月。影片一共分为4个部分,第一部分表现抗日战争爆发后,全国各地的进步知识青年如何通过重重封锁线纷纷来到革命圣地延安。我接触过很多老艺术家,包括于蓝、于敏、王滨等,他们当时去延安都是步行去的,八百里秦川,步行很长时间才能到达,所以"天下归心"这是不争的事实。第二部分介绍了延安的政治、经济、文化等各个方面的面貌。第三部分主要反映了八路军的战斗生活。第四部分描写了从全国各地来的青年如何通过一番学习后,奔赴前方各个战场投入战斗生活的。所以特别遗憾的是,由于我们技术落后,这部片子要拿到苏联去洗印,当时苏联也因为战火不断而把片子遗失了,因此《延安与八路军》的影集就成了非常珍贵的遗产。它也是吴印咸的女儿吴筑清女士捐赠给中国电影博物馆的。这本相册一共有41个主题,404张照片,涵盖了八路军在延安的练兵、战斗、生产、生活建设、军民关系、军事工业等各方面。

文:当时最重要的是一些纪录电影。新中国成立后,有一部反映首都建设的片子叫《北京在建设中》,这部影片也很重要。

张:对。电影博物馆馆藏一个重要文物,是纪录电影《北京在建设中》的原始拷贝,编号为001号,由八一电影制片厂摄制。这部拷贝作品是北京市政府原副秘书长丁维峻先生于2011年捐赠的。

这也是第一部拍摄于新中国成立后北京变化的纪录电影。影片真实记录了20世纪50年代末，北京在工业、农业、水利、文化教育和公共建筑等建设方面的情景。

实际上，当时这部纪录片并不出众。1959年是中国电影史奇峰突起的一年。为了迎接中华人民共和国成立10周年，创造了80部思想上、艺术上、技术上达到崭新水准的优秀故事片，这部纪录片当时很少有人关注。那么，它的内容是什么呢？它主要记录了新中国成立以来，在北京市的城市规划、城市建设、工业建设、水利建设、民生，包括文化福利设施等建设的场面，也包括一些老北京的状态，比如中轴线什么样，东西轴线是怎么打通的，等等。我们从中可以看到，长安街原来真不是现在这个样子。

《北京在建设中》给人们印象最深的内容当数十大建筑的建设过程。20世纪50年代，北京的建设以十大建筑为中心，包括人民大会堂、中国历史博物馆（今中国国家博物馆）、中国革命博物馆、中国人民革命军事博物馆、民族文化宫、民族饭店、钓鱼台国宾馆、老北京站等。这十大建筑位于北京，其实是被视为国家的十大建筑来建设的，是新中国成立10周年的献礼工程。比如宏伟的人民大会堂，是全国人民讨论国家大事的地方，比故宫还大，却仅用了10个月时间就完成了。老北京站仅用了7个月20天就完成了。据测算，大概有60万平方米的城市建筑，从设计到施工都是不到一年就完工。其中还有几个领袖参与的镜头，包括毛泽东、刘少奇、周恩来、朱德等人在修建十三陵水库时的镜头。

所以这个拷贝非常珍贵，而且是最原始的001号拷贝。它是八一电影制片厂原厂长王晓棠送给丁维峻的，丁维峻又捐给了电影博物馆。后来，他们在博物馆开馆时又相遇了，先后在这个拷贝盒签上了他们的名字，为我们的收藏又增加了更珍贵的人文价值。

电影博物馆的展品还有众多经典电影的拷贝。其中，《英雄儿女》讲述的是抗美援朝的故事。展品包括由岳晓梅女士提供的导演沙蒙的部分拍摄资料：几本看似不起眼的日记，是导演沙蒙在朝鲜战场的采访笔记和当时画的坑道图。其他还包括剧本、几经修改的拍摄计划等，以及这部片子的上级批复文件，保留得非常全。此外还有一本记录的小册子，是兵团文工团去上甘岭采访的约28000字的访谈录，说明当时的电影人为拍摄电影做了认真的调研工作。

在中国电影史上，关于"创业"题材最著名的一部电影当数1974年长春电影制片厂拍摄的《创业》，导演于彦夫以大庆油田王进喜的事迹为原型，真实再现了中国石油工业创业时期的艰难和油田的风貌，反映出艰难多舛而又轰轰烈烈的创业史。影片中有很多经典台词："他们卖给咱们的油料，比资本主义市场价格贵一倍。航空油里有马粪，柴油里有大量硫黄。""宁可少活二十年，也要拼命拿下大油田。""从来就没有什么救世主，也不靠神仙皇帝，还得靠我们自己。""有条件要上，没有条件，创造条件也要上。"王进喜拼命也要拿下大油田的豪言壮语，不仅代表了他个人，也代表了整个社会的精神。

中国的电影史，也是近现代社会发展的一个缩影。电影最早被称为"影戏"，早期的电影工作者如郑正秋、田汉等最初从事的也是戏剧类的工作。中国第一部电影《定军山》的问世也和戏曲分不开。从北京到上海，从第一部国产影片问世到第一台国产摄影设备问世，从中国共产党的革命到社会主义国家建设，中国电影的100多年发展历程见证了中国社会的不断发展。

中国邮政邮票博物馆：历史的方寸

带着问题看正文：
中国第一枚邮票的名字叫什么？

●● **本馆简介** ●●

　　中国邮政邮票博物馆是中国唯一收藏邮政邮票文物并开展学术研究与交流的国家级专业博物馆，前身是邮电部邮票发行局资料室，2007年8月22日正式向社会公众开放。博物馆常设"原始通信""古代邮驿""近代邮政""当代邮政""邮票展厅""特展区""珍宝馆"等主要展区。馆内藏有清代以来中国各个时代邮政主管部门发行的邮资票品文物，以及世界200多个国家和地区发行的邮票。

大龙邮票

　　进入邮票的主展厅就能看到集邮界著名的海关大龙邮票，取名"海关"，是因为当时的发行机关为海关邮政。图案是江山云龙，通称大龙邮票。当时使用的是无水印纸，由单个阳文铜模活版印刷。大龙邮票是中国1878年发行的第一套邮票，全套共三枚，面值分别是一分银、三分银和五分银。由于档案资料的缺失，大龙邮票的发行首日和设计者长期没有定论，目前普遍认为发行时间为1878年7月24日。大龙邮票分三期发行，根据不同的特点，又分为薄纸大龙、阔边大龙和厚纸大龙。主展厅中展示的是薄纸大龙和厚纸大龙，阔边大龙在珍宝馆中展示。

　　大龙邮票的旁边是小龙邮票，小龙邮票的图幅要小一些，二者是连续的关系。大龙邮票和小龙邮票都是集邮家采用的俗称，过去的邮票目录中称之为海关邮政第一次邮票和第二次邮票。

　　在大龙邮票发行7年之后，由于铜质印模损坏，不能再印，不得不重新设计印制新的邮票，这就是小龙邮票。小龙邮票也是中国第一套有水印的邮票，每一枚邮票的背后都有一个完整的太极图水印，其实就是当时的防伪技术。此外，大龙邮票、小龙邮票的边缘都是锯齿状的，更方便撕开，这也反映了那时我们已经具备齿孔打印技术。

　　由于中国海关档案资料的残缺不全，小龙邮票的设计人正如大龙邮票一样未见记录，成了历史悬案。有集邮爱好者推测，大龙邮票可能是中国人设计的，而小龙邮票则可能是外国人设计的，原因是参阅大龙邮票上的图案，可以发现大龙邮票上的"大清邮政局""某某分银"等汉字书写得很流利和漂亮，而英文"China"和阿拉伯数字"1、3、5"显得比较笨拙。相反，小龙邮票上的中文写得歪歪扭扭，而英文和阿拉伯数字就非常整齐美观，很可能是不识中文的外国人所写。

慈禧寿辰邮票，也被称为"万寿票"，是1894年为了庆祝慈禧太后60大寿而专门发行的。慈禧寿辰邮票是中国第一套纪念邮票，同时也是第一套知道设计者姓名的邮票，他就是德国人费拉尔。万寿票总共是9枚，有龙、鱼、帆船，还有五福捧寿等。帆船有很强的现代特点，五福捧寿则体现了传统文化元素。

费拉尔的名字和中国国家邮政的早期历史分不开，也是目前在中国邮票设计史上第一个留下姓名的邮票设计者。他本是法国人，后来加入德国籍。他既是集邮家、邮票设计家，也是清代海关外籍官员。1892年，32岁的费拉尔进入中国上海海关造册处任绘图员，参与了很多中国邮票和明信片的设计。他的邮票设计手绘图稿也是馆藏中所存最早的邮票设计图稿。

费拉尔还设计了中国正式发行的第一套普通邮票，这就是著名的蟠龙、跃鲤、飞雁邮票，发行于1897年10月1日，这也是清代国家邮政正式开办之后发行的第一套普通邮票。这套邮票总共12枚，印制地点开始是在日本，后来改在伦敦，故有日本版和伦敦版的区别。两个版别的主图相似，但刷色、背胶、齿孔等有细微的差别。

12枚邮票中有6枚主图为蟠龙，面值较低，为半分至1角；跃鲤3枚，有鲤鱼跳龙门的寓意，面值为2角至5角；飞雁3枚，面值较高，为1元至5元。邮票采用的是双色套印技术。从使用规律来说，低面值的邮票使用的频率最高，因此邮票虽为蟠龙、跃鲤、飞雁三种图案，而集邮界习惯以"蟠龙邮票"统称。

在蟠龙、跃鲤、飞雁邮票之前，清代国家邮政于1896年正式开办，标志着海关邮政时代结束，邮资的计费单位也由关平银改为银圆。由于迫切需要新币面值的邮票，上海海关造册处将未使用的3分海关印花票加盖各种面值作为邮票使用，以应急需，俗称"红印花票"。这套邮票于1897年2月2日发行，红印花小字当1元邮票，在红印花加盖票中是最早的。由于邮政当局嫌加盖的字体过小，不便使用，只应用了少量就改用大号字来加盖。红印花加盖小字当1元邮票存世30余枚，大多数是新票，少有旧票，目前仅发现一枚，是一件享誉国际的传世孤品，也可以说是邮票博物馆的镇馆之宝。

令不少人惊异的是，早在清朝就已经有明信片了。清代国家邮政建立后，为完备邮政业务，于1897年10月发行了中国第一张明信片"大清国一版团龙明信片"。大清邮政共发行四版四张明信片。第一版是1897年发行的，第二版是1899年发行的，第三版是1905年发行的，第四版是1907年发行的。其中第二、三、四版明信片分单片、双片两种，各版邮资图案均为"团龙戏珠"，第一、二、三版为直式，第四版改为横式，各版面值均为1分。明信片上可以写简单的字，比如报个平安，跟我们现在的明信片功能是一样的。正面左下角有两列字，只写收信人、姓名、住址，后面写寄信人、事由。另外，当时的明信片有双面，还可供回信人用。

清朝对邮驿组织机构的设置和管理相当严格，《大清律例》有专门的邮驿法令，主要集中在《大清律例·兵律》，其中有邮驿律18条、邮驿条例35条。但到清朝末期，由于国运衰败，邮驿也逐渐走向了没落。加上社会经济迅速发展，民间通信的需求不断上升。由于新式邮政的强烈竞争，北洋政府在1913年宣布将驿站全部裁撤，延续2000多年的邮驿系统寿终正寝，取而代之的是一套全新的邮政体系，就是一直沿用至今的邮政系统。

清朝晚期到北洋政府期间，社会上同时存在若干邮政类型组织。除了新式邮政，还包括明朝中期问世的民信局。明朝中期商品经济迅速发展，民间通信需求增加，因此出现了民信局，到了晚清时期，大概全国有几千家民信局。19世纪后期，新式邮政开始登上历史舞台，它作为社会化大生产的产物，拥有全国的统一网络，并以政府为依托，与民信局展开了激烈竞争。最终，民信局因为机构分散、本小利微，没办法在全国形成统一的网络，最终于1934年退出历史的舞台。从邮政事业的发展变迁中，我们也可以感受到整个社会的变化。

"帆船票"和苏维埃邮票

进入中华民国时期，邮政发行了内容上更加丰富，色彩上更加绚烂的邮票、明信片和信封。

1913年，中华民国发行了第一套自己设计的"帆船、农获、牌坊"普通邮票，简称"帆船票"。"帆船票"摒弃了清代以龙为王权象征的图腾形象，分面值图是帆船，寓意着交通进步；角面值图是农夫刈禾图，显示以农立国；元面值图是圜桥教泽牌坊图，象征礼仪治国。这套邮票曾先后印制过三版并加盖改值，使用时间长达20余年，可以称得上是中国早期普通邮票中的佼佼者，在中国邮票发行史上具有十分重要的地位。

这套邮票根据发行时间和地点不同，分为伦敦版、北京老版、北京新版。其中有一组2元面值的北京老版帆船邮票在印刷时，由于工人忙中出错，将其中一个印版放倒了，造成中心牌坊图倒印，又因集邮者将牌坊误认为宫门，因此俗称为"宫门倒印邮票"。据考证，这种宫门倒印变体票仅流出48枚，十分罕见，被列为"民国四珍"之首。

博物馆中珍藏的苏维埃邮政邮票，是我国红色邮政邮票事业的重要组成部分之一，对于考察中国共产党发展历史和土地革命历史有重大意义。苏维埃邮政邮票简称苏区邮票。1931年，赣南、闽西等革命根据地连成一片，形成以瑞金为中心的中央革命根据地。11月，成立中华苏维埃共和国临时中央政府。1932年5月，中华苏维埃邮政总局在江西瑞金成立，并发行了苏维埃邮政邮票。邮票为平版石印，币制是中华苏维埃银币券，由黄亚光设计，瑞金财政部印刷厂印制。

从1932年5月到1934年10月长征之前，中华苏维埃共和国邮政总局总共发行了9种15枚不同的邮票。这些邮票包括有面值的邮票，还有一种特殊的欠资邮票。欠资邮票就是邮局向收信人收取邮资的专用邮票。收信人收到信件后就把邮资补给邮局，非常人性化。因为处于战争环境，这一时期的邮票大多数为单色印刷。

新中国邮票发展史

1949年10月1日，新中国的成立开启了中华民族发展进步新纪元，同时也揭开了中国邮政业发展的新篇章。新中国邮票很多取材于中国传统文化，如昆曲《牡丹亭》、京剧脸谱、敦煌壁画、近现代名人作品等，都曾进入票面。其中值得一提的是国宝北宋画卷《清明上河图》套票的版面设计，由于《清明上河图》是非常长的卷轴，其套票共9枚邮票，每一枚邮票截取了其中一个片段，票面非常精美。

1955年发行了"中国古代科学家"（第一组）纪念邮票，全套共有4枚，展示了4位科学家——古代天文学家张衡、古代数学家祖冲之、古代天文学家僧一行和古代医学与药物学家李时珍。这套邮票是根据我国著名画家蒋兆和对这4位科学家的画像进行设计的，雕刻刀法成熟，而且线条挺拔秀丽，是20世纪50年代最为成功的一套人物邮票。在这套邮票发行之余，也发行了小型张，这也是我国第一次发行小型张。小型张就是带有边饰的单枚邮票，发行量会比单枚邮票的发行量要少一些。小型张有非常强的审美价值。

进入20世纪60年代，邮票在印制工艺和设计风格上都有了很大的提升。这一时期特邀了很多名家来绘制邮票的图稿，一批画风清新、设计风格各异、印制精美的邮票开始陆续问世。比如陈之佛的《丹顶鹤》，田世光的《牡丹》，吴作人的《熊猫》，黄永玉的《白鹤》，刘继卣的《金丝猴》等。

中国古典文学名著系列邮票的第一套是《西游记》，于1979年发行。2019年中国邮政发行了《中国古典文学名著——〈西游记〉》（三）邮票一套，邮票内容和图案为三打白骨精、智斗红孩儿、斗法车迟国、情阻女儿国，都是原著中特别经典的桥段。邮票设计对于文学名著包括古代神话题材的挖掘，恰恰反映了中国的文化自信。

进入20世纪80年代，生肖邮票成为集邮爱好者收藏的重点之一。中国的第一枚生肖邮票源于1980年。提到生肖邮票，黄永玉创作的生肖猴票成为邮票史上最受追捧的"明星"之一，直到今天仍是"一猴难求"。《庚申年》中俗称"猴票"所描绘的那只猴子，成为邮票中最著名、最受人喜爱的猴子。这枚邮票采用的是影雕套印的印制工艺。

馆藏《庚申年》邮票

　　据说，猴票上生动可爱的小猴子，是黄永玉以曾经养过的小猴伊喔为原型创作的。伊喔在世时，经常陪伴黄永玉创作和写作，为他带去了许多快乐幸福的时光。在这枚猴年邮票中，金猴翘首端坐，透着机灵顽皮的猴气。大红的底色，则显示出传统新春佳节的喜庆气氛。目前，80版猴票是新中国正式发行的邮票中增值最多、最快的邮品。这枚邮票发行至今，身价已超过1克黄金的价格。

　　1983年为农历癸亥猪年，中国邮政的特约设计者韩美林首次应邀设计了《癸亥年》生肖邮票，那是一只圆滚滚的小花猪，昂首阔步，自信乐观。他还在1985年设计了一套《熊猫》明信片。

　　新中国邮票大致可分为纪念邮票、特种邮票和普通邮票等。如何区分，可以看邮票的左下角和右下角，一边是发行的时间，另一边则是邮票信息。比如新中国成立初期发行的纪念邮票、特种邮票的上面可以看到J和T，括号里有（10-1）代表整套邮票10枚，这是第一枚。

对于集邮爱好者来说，纪念邮票更具收藏意义。中国邮政邮票博物馆展出了大量的纪念邮票，例如西周青铜器的套票，包括国宝何尊；唐代名画簪花仕女图；民国时期的梅兰芳舞台艺术等。纪念邮票在发行时，更倾向于再做一个小型张，这样面幅更大一些，看上去也更加漂亮。比如说某套邮票的设定数量为4枚，但是4枚邮票或许无法反映全部的主题，在这种情况下就会增设一枚小型张。

集邮爱好者同时也集信封，这就涉及首日封和实际封的区分。首日封就是当一个主题的邮票发行当天同时发行的一枚信封。实际封就是实际寄递过的信封，贴有邮票，盖有邮戳。也有首日封同时是实际封的情况，比如我们发行了某一个主题的邮票，在发行当天出一个首日封，信封和邮票的发行时间是一样的，这就是首日实际封，首日封发行当天用于实际的寄递。

多彩多姿的邮票文化

除了邮政价值，邮票还极富收藏价值。而现在，邮票的收藏价值越来越超过它的实用价值。邮票甚至是某些国家或地区重要的财政来源。世界发行的邮票用材和造型可谓多样，图案更加五彩缤纷。小小的邮票何以常常被人们称为国家名片？这是因为邮票会印有所属国家或发行机构的明细，同时印有与国家重大事件、特色珍稀动植物主题的图案或文字，从而可以让人了解一个国家的历史与辉煌。

外国的异形异质邮票也很有趣。中国的邮票一般是四四方方的长方形或正方形，统称矩形邮票。而其他形状的邮票都被称为异形邮票，比如三角形、梯形等。2003年环法自行车赛百年的纪念邮票就是六边形。

异质邮票是除纸质外其他材质的邮票，如博物馆馆藏有两枚来自奥地利施华洛世奇的水晶邮票，上面镶嵌了12颗闪闪发亮的水晶。2004年，奥地利邮政与珠宝商施华洛世奇公司合作发行了世界首枚水晶邮票小型张，名为《施华洛世奇——邮票上的水晶》。小型张内含2枚邮票，图案分别是宝石和天鹅造型的水晶摆件。也许有朋友会担心，这些水晶会不会被磨掉？因为在寄信过程中会通过信件分拣机，邮票有可能导致水晶脱离。其实，这些很细粒的水晶是压到邮票的纸基里的，因此在经过信件分拣机时并不会发生剐蹭。而更重要的原因是，这些异质邮票往往纪念意义更大，收藏者珍爱至极，一般又怎么会用于普通寄信功能呢？

瑞士曾发行过的巧克力香味邮票。当人们拿起这枚邮票，用手摩擦邮票表面就可以闻到巧克力的香味。常见的邮票香味还有椰子香。香水味的邮票也是一个非常好的流动广告。我们可以想象一下，有一个地方特别重视旅游业，那里又有一种芳香四溢的特产。我们不妨把香味放到邮票里，可以起到很好的广告效应。事实上，在国际文化交往和传播的舞台上，每个国家都有自己独特而富有魅力的东西，它们往往会出现在邮票上，不仅可以作为商品出售，也能很好地宣传自己的国家文化。

另外还有立体邮票。《保护我们的自然遗产》套票的第二枚邮票正中就镶嵌了一颗种子。收信人可以把种子拿出来种到地里，如果精心照顾，甚至可以发芽开花。异质邮票的设计和生产成本较高，当我们把它设计出来时，它就一定有自己独特的意义。

其他的异质邮票还有金属箔邮票，比如银箔的、金箔的，甚至铜箔。刺绣邮票非常精美难得，瑞士、意大利等旅游国家都曾发行过。木质邮票也于1982年由加蓬共和国发行，它是世界上第一枚由树皮做成的小型张。

还有一种邮票叫凹凸邮票或凸凹邮票，一般为盲文邮票。在世界各国发行的邮票中，邮票上印有盲文的不多见，日本曾于1988年为《纪念第十六届世界残废人康复会议》在日本召开而发行了一套邮票，其中一枚邮票用手指触摸就能感觉到凸起的盲文。2014年，我国发行了一套全民阅读的邮票套票，为了体现全民的概念，在印制的时候加入了盲文的技术。

"小时候，乡愁是一枚小小的邮票，我在这头，母亲在那头……"，这是余光中的《乡愁》；"从前的日色变得慢，车，马，邮件都慢……"，这是木心的《从前慢》。邮票承载的不仅是经济或其他实用功能，它早已成为人们日常生活中表达感情的信物。随着移动网络的发展，邮票的通信功能在不断降低，但一枚窄窄的邮票依然寄托着人们的思念，承载着过往的历史和文化，并且能够成为国家最重要的文化名片。

北京鲁迅博物馆：从周树人到"民族魂"

带着问题看正文：

鲁迅在北京一共待了多长时间？

●● 本馆简介 ●●

　　北京鲁迅博物馆（北京新文化运动纪念馆）是国家一级博物馆，2014年7月由原北京鲁迅博物馆和北京新文化运动纪念馆合并组建而成，包括鲁迅博物馆馆区和新文化运动纪念馆馆区。北京鲁迅博物馆馆区位于西城区阜成门内大街宫门口二条19号，馆内有全国重点文物保护单位鲁迅旧居及鲁迅陈列展览，较为全面生动地展示了鲁迅在北京居住和工作的经历。

故居往事

鲁迅故居是鲁迅在北京唯一保存完好、对外开放的旧居，也是新中国最早的一批对外开放的鲁迅故居。鲁迅于1924年的春天购入旧居，自己设计改建，共在此生活了两年多。1929年5月和1932年11月，他先后两次自上海返京探望母亲，也住在这里。鲁迅在这里写下了《华盖集》《华盖集续编》《野草》三本文集和《彷徨》《朝花夕拾》《坟》中的部分篇章。

1947年，鲁迅原配夫人朱安病逝后，中共地下党组织通过北平高等法院查封了旧居，并将其保护起来。1949年10月19日，时值鲁迅逝世13周年之际，鲁迅的夫人许广平来到故居，帮助工作人员进行布置，尽量还原了鲁迅生前居住的样子。次年3月，许广平将故居和鲁迅生前的藏书、文物全部无偿捐献给国家。1954年初，在旧居旁建立了陈列厅。1956年10月19日是鲁迅逝世20周年，北京鲁迅博物馆建成并正式对外开放。

鲁迅旧居是一个小四合院，门口题词"鲁迅故居"为郭沫若先生手书。鲁迅之子周海婴曾给毛泽东致信，希望他为鲁迅故居题词。毛泽东认为，作为文化名人，郭沫若题字是最好的，最终邀请郭沫若给鲁迅故居题了字。故居大门没有门当，别说广亮大门，连如意门都称不上，就是一个平民百姓居住的房子。敲门门环尚在，还可以想见，当鲁迅居住在此时，有青年来拜访，就是敲响这个门环，女工来开门，鲁迅已经提着煤油灯在院子里等着了。

二道门非常简朴，没有雕花，没有画栋，就是一道普普通通的门。院内种有两棵枣树。他曾在《秋夜》文中写道："在我的后园，可以看见墙外有两株树，一株是枣树，还有一株也是枣树。"这一段话在1924年发表之初，尚未引起较大波动，进入21世纪后却引发了"智者"的广泛争议：既然两株都是枣树，却一株一株地介绍，这不是病句吗？如果以普通作文的评价标准来看待，它显然是一个病句。而考虑到1924年的中国文化环境，鲁迅以隐喻、拟人等方式来表达内心的激愤或嘲讽，也就不足为怪了。

如今来到鲁迅故居，在枣子成熟的季节，还偶尔会有枣树的枣子掉下来，俯身捡起，用自来水稍微冲一下就可以吃了。人们或许也可以用这样一种更日常的方式感受鲁迅的"俯首甘为孺子牛"。

购买此处居所并不是鲁迅在北京第一次置业。1919年，鲁迅回绍兴把祖宅卖掉，在北京八道湾胡同买了一个三进大院，把母亲和两个弟弟接过来共同居住。那是三个院子组成的大四合院，每个院落都相对独立，各有大门，正好为鲁迅弟兄三家居住。鲁迅是长子，他和母亲、原配朱安住一个院子；二弟周作人和他的日本妻子住一个院子；三弟周建人和他妻子住一个院子。这样的安排也说明鲁迅是一个具有传统道德情操的人，作为一个失去父亲的长子，他对母亲的孝顺以及对弟弟们的关照，都在这个三进大院里面体现出来了。

没几年，鲁迅就搬出了自己一手操办买入的八道湾胡同三进大院。他先在西四砖塔胡同租房住了一段时间，1924年买下了西三条胡同21号单门独户的小院，又把母亲和原配朱安接过来居住。此处距离故宫较近，老北京叫皇城根，在当时属于地价比较便宜的地方。鲁迅因为没钱，于是向老朋友齐寿山、许寿裳各借400银圆买了这个宅子，又花去一部分钱进行装修，最终成为可住的小宅子。

鲁迅在北京一共居住了16年，共4处住宅。这是最后一处，虽然只住了两年，但却是他唯一的独立住宅，花的心血是最大的。鲁迅还亲手绘制了房子的设计图。在《鲁迅日记》中还记载，他今天去跑这里买灰，明天给瓦工结钱，后天去跑印花税。可知在民国北平买房也不是一件容易的事。他也要还房贷（来自友人的无息贷款），也要装修，而且他还为了省钱，不包工包料。

院落中靠墙的南房不住人，北平人管这种房子叫"刀背房"，不是规范的建筑形式，就是建了一个杂品房。里面的家具是当时的犯人做的，类似于现在所说的"劳改产品"。很多人觉得犯人做的东西晦气，但鲁迅不信鬼神或不吉利的说辞，因为犯人做的家具比较结实，物美价廉，所以不妨买来用。

南房内有一排书箱是鲁迅自己和故乡的木匠共同设计打造的。书箱打开后有一个隔断，放上就是书架，合上就是书箱，既便于搬运又很实用。他应该很喜欢这个设计，到上海以后他还做了很多类似的书箱。这也是鲁迅特别喜欢DIY的一个表现。

鲁迅居住在此时，接待了大量的进步青年学生。当时故居没有通电，他们来时，鲁迅就会提着煤油灯等在门口，走时又送到门口，为他们照亮道路。这也让人产生一种极强的画面感：在一个漆黑的胡同口，鲁迅先生在现实中为学生们照明，更在精神上为他们照明。

正房共两间。鲁迅的母亲鲁瑞居住在东侧上房。鲁老太太没有上过学，后来通过自学，达到能够读书看报的程度。她开明，不保守，爱跟年轻人聊天。有一次她听来访的青年说起，她的儿子也写小说，就让他们找来一本鲁迅的小说《故乡》，并认为儿子写得不怎么样：我们老家这种事多了，不新鲜，比张先生写得差多了。鲁老太太说的"张先生"就是张恨水。她是张恨水的书迷，所以作为大孝子的鲁迅就像张恨水的粉丝一样,只要张恨水一出新书,一定买给母亲。

鲁迅特别孝顺母亲。回家第一件事儿,就是到母亲的房间聊聊天。母亲的房间也是故居中配置最好的。房里有一个藤制的躺椅,鲁迅经常坐在那里。木床从绍兴老家带来。鲁迅母亲去世后,鲁迅的二弟周作人把它送给了家里的女工。北京鲁迅博物馆成立后,20世纪80年代开始征集文物,馆里用一个席梦思床把木床给换了回来。

正房西间是原配朱安的房间。鲁迅评价自己和朱安的关系时说:这是母亲送给我的一件礼物,我只有好好地供养她,爱情是我所不知道的。他在生活上尊重朱安女士,让她管家,居住条件也好,位于正房鲁老太太旁边。鲁迅在生活起居各方面也尊重她的意见,但是两个人在生活中的交流很少。鲁迅说,他也就只能是陪着一世的牺牲,完结四千年的旧账。鲁迅的母亲去世以后,朱安独自看守鲁迅故居,一直到1947年底去世。

北京的小院一般没有后院。但鲁迅怀念绍兴老宅的后院,于是在改建居处时,特地空出来一个后院,加盖了一间"老虎尾巴"自己住,这里既是鲁迅的卧室,也是书房。"老虎尾巴"也属于平民特色。老北京四合院按照规制一般是整整齐齐、横平竖直的,但是在住房不够的情况下,往往在堂屋后面接出一间来,像老虎长了尾巴一样,就叫老虎尾巴,鲁迅称它是"虎尾"。像老虎尾巴这种建筑形式,本来就是接出来的一间,建筑材料通常比较劣质,所以鲁迅又说这是他的灰棚。另外,当时鲁迅经常参与论战,他的论敌污蔑他为"学匪",鲁迅也管这个地方叫"绿林书屋"。在他的《华盖集》"题记"的文末署"记于绿林书屋东壁下",就是此处。

"绿林书屋"特地设计了一扇北窗。为了防寒,中式四合院北向窗户一般很小或没有，但鲁迅在北墙设计了两个非常大的西式玻璃窗，主要是为了采光，还可以看到后院的风景。

房内条幅"望崦嵫而勿迫，恐鹈鴃之先鸣"，是他在教育部的同事乔大壮写的，这是屈原《离骚》里的话。崦嵫是《山海经》记载的日落之地，鹈鴃就是杜鹃鸟，古人认为，鸠鸠啼叫，百花就要凋零。这句话用来提醒自己要珍惜时间、不急不躁。

书架上放了很多鲁迅常用的东西。一个是药瓶，因为鲁迅经常生病，常年受到胃病、发烧的困扰。另一个铁的小罐子是鲁迅的零食罐。鲁迅很爱吃零食，经常在稻香村买一些零食，回来以后先捧给他的母亲，再捧给朱安，最后留下来的放在书架上。如果有学生来访，就拿出来招待学生。《鲁迅日记》中记载，他在招待学生的时候，男女有别。男生能吃，来访又多，所以只有落花生招待；女生吃得少，通常会为别人考虑，吃得就更少一点儿，所以招待糕点是供得起的。有一次，一名女生来看他，可点心都已经没了，只有一包柿霜糖，是一位河南朋友送的，原本是口角发炎的时候含一片，对口疮有好处。鲁迅经常半夜写稿，实在想吃时，就说："嗨，什么时候会有口疮？我现在就吃了吧。"于是今天吃一点儿，明天吃一点儿，最后所剩不多。他把不多的柿霜糖拿出来，请那位女生尝了一片。她淡淡地讲到，这柿霜糖什么地方产的才是最好的，它的主要功能是什么，怎么吃最好。他一时愣住了，后来才知道她是河南人。最后鲁迅总结，待客的时候我们也要投其所好。

书桌的右上角，是他的日本老师藤野严九郎先生的照片，可以想象他"每当疲倦的时候，一抬头就能看见藤野先生的照片，仿佛说出抑扬顿挫的话来"的场景。而左上角则是一幅名为《五个警察一个〇》的速写。作者司徒乔是民国时期著名的现实主义画家，以画人物速写闻名。

他画的不是高官达人，而是那些生活无着、四处流浪的乞丐。司徒乔期望用自己的画笔来为他们可悲的处境呼吁，对罪恶的旧社会提出强烈控诉。

1926年，年仅24岁的司徒乔在北京中央公园水榭举办个人画展。鲁迅先生不期而至，购买了《五个警察一个〇》和《馒头店门前》。

《五个警察一个〇》的创作背景是，有一年的除夕之夜，司徒乔应朋友的邀请去吃晚宴。在经过一间施粥厂前，突然看见几个警察挥舞着警棍，棒打脚踢地把一个孕妇赶出来。孕妇挺着大肚子，步履艰难，哭声凄厉。司徒乔便画下了这幅简单粗略的速写，自己的名字也没有签上，画的题目也不便说得太明白，只定为《五个警察一个〇》，以"〇"来代表被殴打的孕妇。

馆藏《五个警察一个〇》速写

鲁迅先生在世时，只给两位中国画家写过评论，一位是给他画书封的陶元庆，另一位就是司徒乔。鲁迅在《看司徒乔君的画》中写道："在黄埃漫天的人间，一切都成土色，人于是和天然争斗，深红和绀碧的栋宇，白石的栏干，金的佛像，肥厚的棉袄，紫糖色脸，深而多的脸上的皱纹……。凡这些，都在表示人们对于天然并不降服，还在争斗。"司徒乔多年后也写文章说："从鲁迅先生买去的画，我得到这么一个启示，那就是只有关切人民的画，才会得到鲁迅先生的喜爱。这个启示，一直指示着我的创作道路。"

除了作为书房，"老虎尾巴"还兼具卧室的功能。鲁迅的床特别窄，就是由两个凳子和一块铺板搭起来的单人床。鲁迅说，独身的生活，不能常往安逸方面着想。生活太安逸了，工作就要被生活所累了。换句话说，他认为当时是一个独身的状态，但在他找到自己认定的伴侣、成立家庭后，在上海的生活环境就要好很多，这就是顾及到家人了。鲁迅也在多篇诗文中表达过自己对家人的热爱，如"俯首甘为孺子牛""回眸时看小於菟"。从八道湾到西三条再到上海山阴路，可以看出鲁迅尽可能会给家人安排良好的生活环境，而对自己甚至到了简陋的程度。

新兴木刻版画运动

博物馆中还陈列了大量纸质文物，尤以各类版画醒目。目前，北京鲁迅博物馆的抗战版画藏量位列全国第一，艺术性和历史性极高。

鲁迅本人也是中国新兴木刻运动的首倡者和奠基人。20世纪20年代末至30年代初，中国社会矛盾愈发激烈。弃医从文的鲁迅决心带领一批中国青年艺术家，通过艺术找寻救亡图存的道路，并由此催生了在中国近代具有里程碑意义的艺术浪潮——新兴木刻版画运动。

早在20世纪20年代，鲁迅在编辑《莽原》《朝花》等刊物时，为寻找插图而开始接触版画艺术。为此，他曾编辑五辑《艺苑朝华》，着重介绍外国创作版画中的木刻版画。他还曾积极地举办版画展览会，于1930年10月4日在上海举办第一次版画展。在上海定居时他就开始收集世界各国版画作品，为开创中国新兴木刻之借鉴，他先后参与并举办了四次外国版画展览。他希望借此机会，让中国青年版画家的眼界得以拓宽，版画技术得以提高，师资不足的问题得以弥补。版画展览不仅对艺术家大有裨益，也通过其表现内容极大地鼓舞了广大中国人。

从1930年起，杭州艺专一八艺社的学生在鲁迅的关怀下开始创作木刻。1931年8月17日至22日，鲁迅在上海长春路日本语学校为当时爱好木刻的青年举办木刻讲习会，选定13名进步美术青年为学员，请来日本友人内山完造的胞弟、美术教师内山嘉吉主讲木刻技法，鲁迅亲自主持并当翻译。为配合讲授课程，鲁迅每天携带一批外国版画如英国木刻、德国版画、日本浮世绘版画等给学员观摩，并结合内山嘉吉所讲的内容加以详细的分析、研究。为期6天的"木刻讲习会"是中国第一个木刻讲习班，它成为中国新兴木刻运动的起点。

"木刻讲习会"拉开了中国新兴木刻版画运动的序幕，也被视为中国现代版画的开端。

除了讲习班，鲁迅还通过出版书籍和举办展览的方式，将外国艺术家的木刻版画介绍到中国。《木刻创作法》《近代木刻选集》《苏联版画集》《凯绥·珂勒惠支版画选集》《比亚兹莱画选》等版画图册相继问世。

当时虽然艰苦，但年轻的版画家们依然克服困难，创作出一批经典作品，也为后世留下了那个时代的印迹。胡一川的《到前线去》，使用对比强烈的黑白线条，刀法粗犷有力，生动地表现了民众的愤怒与反抗侵略的激情。李桦的《怒吼吧！中国》采用象征手法，诠释了中华民族的觉醒之心和反抗力量。这一时期的木刻版画作品将艺术的表现性与叙事性相结合，带有强烈的社会批判性，是运用西方技法讲述中国革命的典范。鲁迅曾表示："当革命时，版画之用最广，虽极匆忙，顷刻能办。美术家固然须有精熟的技工，更应有进步思想与高尚人格。""是最适合于现代中国的一种艺术。"抗战版画的蓬勃发展，充分体现了鲁迅在进步艺术文化领域的战略眼光。

1934年，由鲁迅亲自编辑、参与装帧设计、自费出版的新兴版画丛刊《木刻纪程（壹）》，收入木刻24幅，是第一本中国现代木刻期刊，其中收录了黄新波、何白涛、陈烟桥等8位青年木刻家的作品。在这本木刻集的序言中，鲁迅对木刻青年的创作提出了希望：采用外国的良规，加以发挥，使我们的作品更加丰满是一条路；择取中国的遗产，融合新机，使将来的作品别开生面也是一条路。

鲁迅1936年逝世后，这些木刻青年有的留在国统区，从事抗战版画创作和抗日宣传，也有不少人如江丰、沃渣、胡一川、力群、刘岘、陈铁耕、黄山定、叶洛等则陆续奔赴延安。

在陈列馆，除了版画，人们还可以看到很多由鲁迅设计和参与设计的图书封面。他一生设计了60多册书籍的封面。可以说，他的书作"颜值"很高。而且，不光内容好、封面好，鲁迅还会关注书的扉页、行间距，天头地尾留多少等，期待近乎完美。

离开北京

从1912年5月随教育部从南京迁到北京供职，到1926年8月南下赴厦门教书，鲁迅在北京共生活了14年，这也是他担任教育部公务员生涯的14年。这期间鲁迅共有4处住所。第一处是绍兴会馆，在宣武门外；第二处是八道湾；第三处是临时租住的砖塔胡同；最后一处就是阜成门西三条鲁迅故居。这些住所全都位于西城区，又兼在教育部有固定工作，如果按现在的户籍统计方法，鲁迅该是地地道道的西城人，是西城群众的老邻居。

北京也可以说是鲁迅的第二故乡，是他除绍兴之外生活最久的地方，与朋友多次谈起北京也总是充满了深厚的感情。他在给杨霁云的信中说："中国乡村和小城市，现在恐无可去之处，我还是喜欢北京，单是那一个图书馆，就可以给我许多便利。"去世前的几个月，鲁迅给共产党员颜黎民写信说道："我很赞成你们再在北平聚两年；我也住过十七年，很喜欢北平。"

鲁迅爱吃稻香村的点心，推测他也会常吃炸酱面。他在《奔月》中也有提到，嫦娥和后羿在人间过着苦日子，嫦娥每天都吃乌鸦肉的炸酱面，她叫苦连天："又是乌鸦肉的炸酱面，又是乌鸦肉的炸酱面！你去问问去，谁家是一年到头只吃乌鸦肉的炸酱面的？我真不知道是走了什么运，竟嫁到这里来，整年的，就吃乌鸦肉的炸酱面！"

说到鲁迅离开北京的原因，或许是他在北京期间与官僚政客、帮闲文人打了几次笔仗，他对复古派、学衡派、鸳鸯蝴蝶派、现代评论派都进行过斗争，颇得罪了一些人。在鲁迅所著《朝花夕拾》中提到，1926年离开北京的原因是敌人的压迫。鲁迅在《自传》中也解释道："因为做评论，敌人就多起来，北京大学教授陈西滢开始发表这'鲁迅'就是我，由此弄到段祺瑞将我撤职，并且还要逮捕我。我只好离开北京，到厦门大学做教授。"

1927年10月，鲁迅和许广平搬到上海生活。两年后，他们唯一的儿子周海婴出生。在上海生活的9年间，鲁迅一不做官，二不经商，三不教书，完全是一个自由作家。而随着一系列作品的面世，他的独立人格和思想逐渐达到巅峰状态，一直到1936年10月19日生命终结。

鲁迅之死

陈列馆中可以看到鲁迅临终前最后的文稿、日记和遗像等。还可以看到鲁迅逝世后，灵柩上覆盖一面上海民众敬献的白色旗帜，有沈钧儒题写的"民族魂"三个字。1936年10月19日凌晨5点25分，被毛泽东赞誉为"现代中国圣人"的鲁迅先生在上海过世，享年仅55岁。

鲁迅对自己的死亡似乎早有预感。他曾在离世数月前写过一篇名叫《死》的随笔。其中还将自己的遗嘱一并写了出来：

一、不得因为丧事收受任何人一文钱，但老朋友不在此例。

二、忘掉我，管自己的生活，倘不，那就真是糊涂虫。

三、赶快收殓，埋掉，拉倒。

四、不要做任何关于纪念的事情。

五、孩子长大倘无才能，可寻点小事情过活，但不可以去做空头文学家或美术家。

六、别人应许给你的事，不要当真。

七、损着别人的牙眼却反对报复，主张宽容的人，万勿和他接近。

即便鲁迅要求"赶快收殓，埋掉，拉倒"，但在周建人的主持下，丧事还是进行了一些安排，拟定了由蔡元培、宋庆龄、内山完造等9人组成的治丧委员会。

但鲁迅的身份特殊而又影响巨大，生前还多次批评过国民党当局，因此治丧委员会担心丧事会遭到阻挠，最终议定由"救国会"这个具有广泛群众基础的民间组织出面，具体殡葬事宜交由万国殡仪馆承办。10月19日下午，万国殡仪馆的车运走了鲁迅的遗体，商定三日后正式出殡。当晚，上海的《大晚报》正式刊出了鲁迅的讣告，整个上海甚至整个中国文化界都震惊了。巴金表示：全中国的良心，从未像现在这样悲痛。

20日清晨，殡仪馆将鲁迅的遗体移至大厅，接受社会各界的吊唁。20日、21日和22日上午为各界人士的吊唁时间。大家还着重讨论了为鲁迅准备何种葬礼，是否覆盖国民政府的国旗。最终，共同议定为他举行一个"民族的葬仪"，由沈钧儒题写"民族魂"三个字。

出殡选在22日下午，鲁迅的灵柩从万国殡仪馆抬出，准备运往万国公墓进行安葬。16位在文化和政治领域有广泛影响力的人士为鲁迅抬棺扶灵，其中包括孙中山先生遗孀宋庆龄、北京大学前校长蔡元培等人。

下午4点30分左右，送葬的队伍抵达了万国公墓，在礼堂举行最后的追悼大会。在哀乐和挽歌中，救国会的王造时和李公朴等人将沈钧儒亲笔手书的"民族魂"旗帜覆盖在了棺木上，使之成为中国第一位，也是最后一位覆盖"民族魂"旗帜的下葬者。

鲁迅逝世后，消息也陆续传到北京鲁老太太耳中。她说：你们不用瞒我，我是认识字的，我知道是怎么回事。看完报纸后，她说：老大死得不冤。因为看到了报纸对鲁迅的赞颂。故居在南屋客房设了灵堂，供各界前来致敬。都说"文人相轻"，而从当时的作家、学者对鲁迅的评价，或可见到鲁迅之无愧"民族魂"。叶圣陶在《相濡以沫》一文中写道："大家动手铲土，把盖上'民族魂'旗帜的鲁迅先生的棺材埋妥。这样的事，上海从未有过，全中国从未有过了。"郁达夫在《怀鲁迅》中这样阐述"民族魂"的精神和意义：一个没有英雄的民族是不幸的，一个有英雄却不知敬重爱惜的民族是不可救药的，有了伟大的人物，而不知拥护、爱戴、崇仰的国家，是没有希望的奴隶之邦。这便是民族魂，中国人的脊梁！作为中国新文化运动的伟大旗手，他永远都是那么敢于直面惨淡的人生，敢于正视淋漓的鲜血。

值得一提的是，毛泽东同志正是在1936年10月19日这一天，率领中国工农红军陕甘支队到达陕西革命根据地的保安县吴起镇，红军胜利完成长征。闻讯后，延安在第一时间做出了反应，为鲁迅先生的逝世表示了哀悼：本党与苏维埃政府及全国苏区人民，尤为中华民族失去最伟大的文学家、热忱追求光明的导师、献身于抗日救国的非凡领袖、共产主义运动之亲爱战友而同声哀悼，谨以挚诚电唁。

毛泽东与鲁迅虽然未曾谋面过，但二人却神交已久，彼此都非常了解和欣赏对方。直到1940年，毛主席在《新民主主义论》中评价："鲁迅是在文化战线上，代表全民族的大多数，向着敌人冲锋陷阵的最正确、最勇敢、最坚决、最忠实、最热忱的空前的民族英雄。鲁迅的方向，就是中华民族新文化的方向。"

史家胡同博物馆：北京的红颜遗事

带着问题看正文：
史家胡同博物馆是谁的故居？

●● **本馆简介** ●●

　　史家胡同博物馆为北京首家胡同博物馆，位于东城区朝阳门街道史家胡同甲24号，2013年10月19日正式对外开放。史家胡同博物馆内拥有130个院落微缩复原，还能听到"震惊闺""虎撑子"等70多种胡同声音。

乱世红颜

史家胡同博物馆，旧时也是一位北京名媛的故居，它的旧主人就是20世纪上半期著述颇丰的才女凌叔华。史家胡同从明清就是高官名人聚居的地方，晚清和民国时期更是号称"一条胡同、半个中国"，这里还曾是大清选录赴美公派留学生的考场，是近现代文化发展的见证地。

凌叔华出生于1900年，父亲凌福彭是光绪二十一年（1895）与康有为同榜的进士，历任清朝户部主事、军机处章京、天津知府、保定知府、顺天府尹、直隶布政使等职。辛亥革命以后，任北洋政界约法会议议员、参政院参政。凌福彭能干精明，在各任上均有建树。另外，凌福彭也是翰林院出身，精于辞章且酷爱绘画，结交了众多当时文化界的大家名家，与齐白石等著名画家过从甚密，组织过北京画会。

凌叔华自幼深受家庭文化氛围熏陶，在绘画、写作艺术上也都有颇高造诣，尤擅兰花，是受到她的启蒙老师缪素筠的影响。凌叔华6岁时即拜著名的女艺术家、慈禧太后宠爱的画师缪素筠为师学画。

慈禧太后晚年热衷于学画习字，并乐于把自己的字画赏赐给大臣。但由于求字画者众多，慈禧应对不暇，便想到找女画家进宫代笔。1889年，缪素筠入选进宫，慈禧对她钟爱有加，让她居住在储秀宫，并封为御庭女官，年俸白银两千八百两，还免去了她的跪拜大礼。后来又升为三品女官，年薪白银一万两，并赐红绫一顶。缪素筠在皇宫待了十数年，慈禧去世后才出宫。之后仍然居住在北京，据说她一共收过三名女弟子，其中有一人就是凌叔华。

此外，凌叔华还拜过著名山水兰竹画家王竹林为师。同时接受被誉为"清末怪杰"的辜鸿铭的教育，打下了古典诗词和英文的基础。

凌叔华可以说是一位生活在《红楼梦》中的古典才女。她中年时曾用英文写过一本自传体小说《古韵》，是讲清末传统大家庭的生活状况，主要有她的母亲如何嫁给父亲成为第三房姨太太，以及各房"妈妈"之间的明争暗斗。

据凌叔华的独生女陈小滢回忆，母亲写完《古韵》后，她的十四姨，就是凌叔华的妹妹，当时在美国学医。她也看了这本书，后来好几年没跟凌叔华说话。她说，这本书把脸都丢光了。因为在美国是一夫一妻制，怎么这家里头就一个父亲，有那么多房太太，觉得挺丢脸的。清末高门大院的表面精致辉煌，但内里涌动的明争暗斗和生活琐细的纠葛，成为凌叔华成长中的隐痛，"这悲痛不喊叫、不呻吟，却只是沉默"。凌叔华既受过深厚的传统教育，又受过新式高等教育，是当时典型的"五四青年"。

1919年，19岁的凌叔华进入天津北洋直隶第一女子师范学校就读，与邓颖超、许广平成为校友。1921年，凌叔华进入燕京大学女子学院求学，先学习动物学，后改入外文系。出于对文学的浓厚兴趣，她读书期间曾用英文写作短剧并翻译西方文学作品，同时开始创作诗歌和散文。1923年，凌叔华写信给教员周作人，恳请他指导自己文学。1924年，在周作人的推荐下，凌叔华在《晨报副刊》上发表了处女作《女儿身世太凄凉》。从此，凌叔华开始走进京城的文学圈子。

小姐的书房

凌福彭早年曾任张之洞幕僚，任京官时与康有为等人过从甚密，后在袁世凯推行新政时期也受过褒奖，积累了丰厚的财富。凌家大宅前门位于干面胡同,后门在史家胡同,号称有九十九间房舍。每个套院都有一个小门与院子左侧过道相连,通向后花园。据凌叔华回忆,后花园是孩子们舒心惬意的乐园。那也是凌家最雅致的风景。而她的书房,就被安排在了后花园的小花厅中。她在《古韵》中描述道:

> 我的房间布置得像真正的画室,家具都是爸挑选的……面对紫藤的窗前摆放着一条黑漆桌案,光滑透亮,可以反照出美丽的紫藤花……一张红漆桌案放在面朝紫丁香的窗前,这种红漆是北平最好的,红得发亮,看久了令人目眩,简直妙不可言。

这个小花厅在民国社交圈有一个非常响亮的名称——"小姐的书房",也正是如今的史家胡同博物馆所在地。像她的父亲擅于社交一样,凌叔华很快也融入了文学圈子。"小姐的书房"云集了众多才子佳人,比林徽因的"太太的客厅"成名更早。

沈从文曾经在信里说:"这里有太多人的回忆,有西林、老金、志摩。后边还有先生或小姐,都在这儿吃喝过、说笑过,还有18年前去世的那位诗人。"诗人说的正是1924年访华的泰戈尔。而凌叔华也正是因为接待泰戈尔而名噪一时。

1924年5月,印度大诗人泰戈尔访问中国,作为北京大学教授兼英文系主任陈西滢担任接待,凌叔华也在欢迎的代表之列。文学界众人不知以何种规格招待泰戈尔为好,于是凌叔华诚邀泰戈尔到家中做客,陪同者有陈师曾、齐白石、胡适、徐志摩、林徽因等文化界名流二三十人之众。凌叔华大家闺秀的风采得到大家的一致称赞,泰戈尔甚至称她"比林徽因有过之而无不及"。

但据凌叔华自己晚年回忆说，那时年轻气盛，目无尊长。当众人面，她问泰戈尔："今天是画会，敢问你会画吗？"有人提示她勿无礼，她也不在乎。泰戈尔真的坐下来，在她备好的檀香木片上画了一些佛像、莲花，还连连鸣谢。当时，徐志摩、丁西林、胡适、林徽因以及陈西滢都在座。也是借着这次家中举办茶画会的契机，她真正融入了徐志摩和陈西滢的新月派文学圈子。

不久，凌叔华在陈西滢主编的《现代评论》上发表了她的成名作，也是代表作——《酒后》，二人也因此相恋并结成秦晋之好，谱就了中国现代文坛"以画为媒"的佳话。

当时，凌叔华尚待字闺中，《酒后》写的却是婚姻生活。这篇小说也是凌叔华艺术风格的代表，其语言别具风格：

这腮上的酒晕，什么花比得上这可爱的颜色呢？——桃花？我嫌她太俗。牡丹？太艳。菊花？太冷。梅花？太瘦。都比不上。……不用说别的！就拿这两道眉来说罢，什么东西比得上呢？拿远山比——我嫌她太淡；蛾眉，太弯；柳叶，太直；新月，太寒。都不对。眉的美真不亚于眼的美，为什么平时人总是说不到眉呢？

"二十八间半房嫁妆"

凌叔华性格开朗，颇具才华，是凌府最受宠的女儿。她与青年才俊陈西滢结婚时，家里陪送的嫁妆就包括后花园"小姐的书房"在内的屋舍二十八间半。

陈西滢本名陈源，字通伯。西滢是他为《现代评论》周刊"闲话"

专栏撰稿时使用的笔名。陈西滢16岁赴英国留学，1922年回国后就在北京大学执教。陈西滢和凌叔华，一位是豪门千金，一位是青年才俊，而两个人的结合不仅是基于浪漫的爱情，也与"英雄护花"有关。

1925年，凌叔华受徐悲鸿之请，帮他为《晨报副刊》临摹匹亚兹吕的作品，用来当作刊头画。但徐悲鸿一时疏忽，只标注了作者是凌叔华，没有标明原作者。也正因如此，凌叔华备受指责嘲讽，更有人在《京报副刊》上发表文章直指凌叔华抄袭，使她深感痛苦。

彼时，陈西滢正处于和鲁迅的激烈论战中，听闻此事，以为是鲁迅给凌叔华穿了小鞋。他冲冠一怒为红颜，公开为凌叔华怒骂鲁迅。他以剽窃这事做文章，说鲁迅"拿人家的著述做你自己的蓝本"，指鲁迅的《中国小说史略》抄袭了日本人盐谷温的《支那文学概论讲话》。这场论战彻底把陈西滢放在了鲁迅的对立面，而鲁迅的这次"剽窃风波"也经历了近十年才得以过去。

然而也是这场风波，让凌叔华看到了陈西滢的书生深情。二人由此结为眷属。

陈西滢出身普通书香门第，于社交并不擅长。徐志摩曾经这样评价过陈西滢：

> 我的朋友说话是绝对不敏捷的，他那茫然的神情和偶尔寄出的几句话在当时极为招笑，但在事后往往能够透出极深刻的意义，在听着的人心上不易磨灭。别看他说话外貌好像乱石一样的粗糙，那核心里往往藏着直觉的淳朴。

如果给这段文字去掉它本身的诗意和滤镜，陈西滢是一位说话直率而又缺乏策略的文人，因为有留学英国的经历，语言里带有一种英式的讽刺和幽默。

二人的婚姻并不像"二十八间半房"的嫁妆那样唯美。或许对于凌叔华而言，她更看重的是一种可以拯救自己于危难之中的英雄品格，并不是生活中一个唯唯诺诺的绅士。

凌叔华一直生活在乱世中的中上层社会，视野相对狭窄。但她以自己的艺术才华和细心的观察与思考，真实而又艺术地表现了中产阶级的生活和家庭琐事："太太、小姐、官僚，以及女学生，以及老爷少爷之间，也兼写到不长进的堕落的青年。"评论家阿英曾说："她是站在进步的资产阶级的知识分子的立场上，在表现资产阶级的女性，对她们表示了不满。"又说："说到描写方面，是有几点值得注意的，那就是宗法社会思想下的资产阶级的女性生活，资产阶级的女性的病态，以及资产阶级的女性被旧礼教所损害的性爱的渴求和资产阶级青年的堕落。她的描写在这几方面是擅长的，而且是有了相当的成就。"她的作品很多都带有明显的个人生活特色。

1929年，陈西滢到武汉大学任教授兼文学院院长，凌叔华一同前往。他们住在武昌珞珈山上，凌叔华与另外两名在武大执教的女作家袁昌英和苏雪林结为好友，当时她们被称为"珞珈林山三个文学朋友"，又称"珞珈三杰"，还一起主编了《武汉文艺》。

1935年，年轻的英国学者朱利安·贝尔远渡重洋抵达武汉，进行中英教育交流。他的到来对凌叔华的文学生涯乃至人生产生了深远影响。

朱利安·贝尔是英国著名女作家弗吉尼亚·伍尔夫的外甥。他到武汉大学任教时，把英国现代主义和文学批评带到了中国。而对凌叔华影响最大的，正是弗吉尼亚·伍尔夫的作品，朱利安把凌叔华引荐给了伍尔夫，二人开展了长期的书信交流。伍尔夫与凌叔华有着类似的出身和相通的文学家气质，她们关注的对象也相似，较多地描摹女性形象，而且在写作中也都很关注内心思想。朱利安向伍尔夫介绍凌叔华时说："她是中国的重要女作家，我们学院院长的夫人……她是您作品的热切崇拜者。"此外，凌叔华与朱利安都出身社会中上层，二人在文学之外也都于书画等各类艺术甚为精通，一时之间颇有相见恨晚之感。朱利安在给朋友的信中写道："她（指凌叔华）和弗吉尼亚一样敏感，很聪明，与我所认识的任何人一样好甚至更好。"

凌叔华投桃报李，也向北京的文化圈引荐了朱利安这位英国绅士。然而，朱利安与凌叔华的友情却遭到了当时舆论的嘲讽，也一度引起了凌叔华夫妇的婚姻危机。最终，朱利安于1937年回到英国。他在西班牙战场参加了反法西斯"国际纵队"，当了一名救护车司机，后来战死。

朱利安死后，凌叔华与陈西滢的关系越来越糟，反而和朱利安的母亲瓦内萨、伍尔夫都保持书信来往，甚至还在伍尔夫的支持下，酝酿了描写自己生活的英文小说《古韵》。

漂泊的才女

据陈小滢回忆，凌叔华于1939年回到了北平史家胡同居住。不久，日本人入住史家胡同，她们搬到了海淀区冰窖胡同。凌叔华后来在羊圈胡同买了一个小四合院。这是陈小滢在北京最深刻，也最美好的回忆之一：那个四合院很小，只有前院、后院。后院全是果树，有枣、梨、桃树，还有一条狗。而陈小滢在北京师范大学附属小学度过了无忧无虑的两年小学生活。

1941年，凌叔华再次从北京南下，最终在四川定居。1946年，凌叔华从四川乐山到重庆，从重庆飞上海转到北京，又重新回到了史家胡同。这时，史家胡同的房子按照日本人的习惯被改扩建，新建了一个日式小茶室和浴室，浴室正中摆放了一个大木桶。

　　1946年开始，陈西滢受国民政府委派，常驻巴黎，担任联合国教科文组织代表。凌叔华则带着女儿陈小滢与他团聚，从此定居欧洲。

　　凌叔华在欧洲时出版了她一生最重要的作品《古韵》。在英文版《古韵》的扉页上，她将此书题献给了弗吉尼亚·伍尔夫，以遥祭这位从未见过面的文学导师（伍尔夫早在1941年已经去世）。

　　凌叔华一生执着于艺术，她自言生平用力最深的是绘画，她特意为《古韵》绘制了8幅插图，构图简单，生动活泼，充满童趣。

　　《古韵》的背后，正是接受了五四运动新思想教育的凌叔华渴望寻找自己独立的人生价值。然而无论是她自选的现代派婚姻，还是乱世中的文学生活，离她的浪漫设想都相去甚远。但是，她依然怀念着自己的国家。1984年秋，凌叔华在伦敦对萧乾说，她生在北京，尽管在西方已经有三十几年，可她的心还留在中国。

　　1990年，90岁的凌叔华终于回到北京，并在这里去世。在《古韵》的最后，凌叔华说：这是春天的画卷，我多想拥有四季，能回到北京是多么幸运。

后来的故事

　　凌叔华和陈西滢只育有一位独生女陈小滢，陈小滢的丈夫是英国汉学家、爱丁堡大学教授秦乃瑞，他也是苏格兰中国友好协会负责人，曾多次以中英友好人士身份来华访问。秦乃瑞于2010年去世，按照他的遗愿，将一半骨灰葬在了中国。

陈小滢为独生子取名秦思源，既是取饮水思源之意，又含有父亲的本名"源"，目前在北京定居。

秦思源回北京的故事始于1979年，他最早住在涉外宾馆。20世纪90年代，秦思源开始租住在大杂院里，取其方便、便宜，有老北京的味道。据秦思源回忆，"居委会的那个老太太对我很好，她看我们那个气质，是有文化的。当时有些人觉得我们搞摇滚的这些人长得不太主流，认为给我们租房会有些问题。不过她倒挺好的，还经常帮忙，给我们拿点粥来，对我们特别好。"

北京人的热情好客，也成为秦思源后来扎根北京的直接原因。他后来一直在做声音收集的博物馆项目，在史家胡同博物馆开辟了一个独特的"声音博物馆"。他收集的老北京声音，时间横跨了20世纪30年代到90年代，包括鸽哨、叫卖声等各种音响。2023年初，秦思源在通州区的宋庄环岛艺术区建立了声音艺术博物馆，落户城市副中心，成为北京首批"类博物馆"开放培育试点单位。

从凌府后花园到史家胡同博物馆，在北京名媛凌叔华的红颜旧事中，我们能感受到整个20世纪的时代发展、沧桑巨变。凌叔华的生命已经消散在历史的云烟之中，而这段北京红颜遗事却随着史家胡同博物馆流传了下来。

北京怀柔喇叭沟门满族民俗博物馆：来自"北极乡"的文化珍珠

带着问题看正文：
满族人的"索伦杆"是用来打鸟的吗？

●● 本馆简介 ●●

怀柔区喇叭沟门满族乡位于北京最北端，被称为北京的"北极乡"。这里坐落着满族民俗博物馆，原来称满族文化陈列馆，始建于2003年。全馆共七大展室，从不同侧面反映了满族的民间传说和民俗文化。

三仙女降落长白山

从市区出发，一路向东北，就来到了位于北京最北端的喇叭沟门满族乡，这里坐落着具有清代王府建筑风格的满族民俗博物馆。最早的青砖灰瓦三进院始建于2003年，2008年扩建二层楼，整个建筑格局是仿北京王爷府而建的。受地理因素制约，大门坐南朝北，便于参观。

博物馆前立有石像，身穿戎装的皇太极手里还拿着一把剑，取"挥剑入关"之意。进入北京的"北大门"，就是喇叭沟门满族乡了。"满族民俗博物馆"的题字是满族书法家爱新觉罗·启骧所书。

博物馆外墙壁画也有民俗特色。随清朝皇帝入关的喇叭沟门满族曾世居东北沈阳，姓彭。左边是三仙女降落长白山的场景：长白山绵延千余里，群山之中有个深潭，名叫闼门。潭水经过长白山的东侧布库里山，流到山下的布尔里湖。布尔里湖风光秀美，湖水清澈。相传天上有3个仙女，大仙女叫恩古伦，次仙女叫正古伦，小仙女叫佛古伦，她们常来湖里洗浴玩闹。

满族民俗博物馆门前

有一次，正当她们在湖中玩闹时，远处飞来一只神雀，嘴里衔了一枚朱果，掉落在小仙女的衣服上。等三仙女洗好上岸后，小仙女看到红果便吃下，因而怀胎。她生下一个男孩，刚出生就体格健壮，相貌奇特，开口就能说话。小仙女告诉他说："你是我吃了一颗仙果所生，现在你以爱新觉罗为姓，以布库里雍顺为名。上天把你生下来是为了让你去世间建功立业，平定战乱。你现在沿着这条河顺流而下，那里就是你要去的地方。"随后，小仙女给了他一条小船，然后飞回到天上去了。

布库里雍顺坐船来到下游的鄂多理城，见到3个部落正在内斗，他自称是仙女所生，受上天所托，前来平定部落之间的战乱，众人商议说："这个人看来是天上下凡的，我们不能违抗天意，不如我们停止争斗，奉他为王。"他们把布库里雍顺迎回部落，还将部落族长的女儿嫁给了他。就这样，布库里雍顺成了贝勒。在他的调解下，3个部落间的争斗也告终。后来，布库里雍顺率领部落居住在长白山东边的鄂多理城，国号定为满洲。这个神话故事被收录在了《清实录》中。

右侧壁画是本地彭姓始祖随大军入北京的场景。汤河川、喇叭沟的满族以彭姓为主，属于镶黄旗人，原籍在沈阳城外王多罗树村。始祖彭连，随清军到达北京。清军入关后，在北京最北部的汤河川留下了一队人马，也被称作"北极乡""北大门"。彭连长子彭继贵协同家眷在此驻扎，这就是彭姓始祖建立喇叭沟门满族村的来历。

喇叭沟现在有白桦林森林公园，白桦树在喇叭沟门非常常见。在传说中，满族人的祖先也正是乘着桦树皮的小船顺流而下。白桦树是制作船比较好的材质，树皮上拉一个口能扒下来，皮质紧密防水。

汤河川位于怀柔北部深山，也是北京市最北部属燕山的深山，自古是少数民族休养生息的地方，也是中原汉民族与北方游牧民族的交界处。

历史上，它既是北方各游牧民族成长壮大的摇篮，又是华夏诸族与北方各游牧民族政治经济文化交往的活跃区域。

索伦杆

民俗博物馆内收藏了自汉代以来藏品950多件，其中满族民俗藏品500多件，主要来自民众征集；另有235件为爱新觉罗·毓岚捐赠。博物馆通过藏品与原状陈列等多种方式，扭转了人们关于满清贵族的刻板印象，展示了普通满族人民的日常生活。

第一进院落种有四棵海棠树，在海棠树旁边有一个柱子，满语叫索伦杆，是满族人带有信仰性质的一种日常器具。杆上有一个梯形的斗，里面放着五谷杂粮和水，可以上下传动，也用以喂食乌鸦。传说，乌鸦曾经救过清太祖努尔哈赤，所以在满族的风俗里，一般会在院子的东南方位树立索伦杆。

一号馆是满族的起源。它最重要的一个设计特点是地面不平，呈现一条弯弯曲曲的溪水，正是汤河川。汤河川源于河北红坛寺，经三道河子流入承德帽山梁，接着流入汤河口，在马圈子混入白河。汤河川有"两乡一镇"，源自共同的镶黄旗彭姓始祖。喇叭沟门最早叫鹰手营，是专门给皇宫狩猎的。满族人喜爱养鹰，常常在胳膊上架着鹰。喇叭沟门过去每年都要给皇宫送猎物，所以叫鹰手营。旁边是杨木营，人们需要到山上砍下木杆，砍伐的树木一般为桦树、杨木等，主要给宫里做枪杆。汤河口也叫作胭脂营，主要是开垦农田，人们打下粮食之后为后宫的妃子提供胭脂，因此而得名。喇叭沟、长哨营、汤河川都是镶黄旗，属于皇上的包衣，因此三地都是为皇宫服务的，这也是本地"两乡一镇"的历史故事。

二号馆是满族的农耕生活，展示了很多华北地区农村用具。三号馆是满族民俗生活的场景还原。首先映入眼帘的是一个狗舍，东北天寒，狗舍是放在屋里的，狗舍前卧着一条狗。满族人不打狗，不吃狗肉，不戴狗皮帽，不穿狗皮衣服。它的背后是"义犬救主"的传说。

相传努尔哈赤小时候养过一条狗，叫大黄。努尔哈赤之前是伺候明朝总兵李成梁的，晚上要给他洗脚。李成梁脚底有3颗黑痣，李成梁说，我有这么大的官做、有这么大的福气，全凭这3颗黑痣。努尔哈赤说，那我脚底还有7颗红痣呢。李成梁想，这了不得了，脚踩北斗七星，是九五之尊的命。因此李成梁动了杀心。此事恰被李成梁的小夫人知道，立刻给努尔哈赤通风报信，让他赶紧骑马走，不然就没机会活命了。然后告诉努尔哈赤，马圈中有两匹青马，一匹名叫大青，一匹名叫二青，大青跑得快，二青跑得慢，你快骑大青跑。这就是"大清"的来历。

努尔哈赤骑着大青马跑了之后，义犬大黄也一路跟随。李成梁的官兵追着努尔哈赤来到一处芦苇荡，前面是大泥潭，后面是官兵，他前进不了、后退不得。此时，后面的官兵已经放火烧芦苇，努尔哈赤被大火烤晕。大黄看他的主人晕倒了，怕火烧死努尔哈赤，就去泥潭沾了一身水，在他的周围打滚，如此多次。努尔哈赤醒来后，看到身旁已经死去的大黄，于是给满族人立下条例，不许吃狗肉。

继"义犬救主"之后，又发生了"乌鸦救主"的故事。努尔哈赤醒来后继续逃走，官兵没有发现他的尸体，因此继续追。后来，努尔哈赤累极了，看到一个歪脖树，就躺下睡着了。这时官兵快到了，空中突然来了一大群乌鸦，把这树遮得严严实实。官兵想，乌鸦吃腐尸，努尔哈赤应该已经被乌鸦吃了，因此返回。努尔哈赤最终得救了。

还原场景展现了满族人房屋的摆设——满族特色的老民居万字炕。万字炕也叫圈子炕，地炕沿着房间转一圈，也叫地龙。外屋是锅灶，通过烧火把热气顺着炕洞传到里屋，会把整个房间都烧热。

在这里还可以看到"满族八大怪"，如"窗户纸糊在外""养活孩子吊起来"等。东北人爱用吊篮养孩子，是为了防止野兽进入；窗户纸糊在外面而不是里面，是因为糊在里边，外面刮风容易掉，糊在外边，它掉不了。"大姑娘叼大烟袋"，说的是满族姑娘爱抽烟袋。另外，满族人的礼节很多，三天一小礼，五天一大礼，见着长辈必须要请安。可以说反映了其从狩猎为主的原始部落直接过渡到专制政权特权阶层的过程中所形成的独特民族性。

展厅中还可以看到两个重要的风俗活动：庆隆舞和五魁舞。庆隆舞是丰收或者是在庆祝大典里举行的一种比较有名的舞蹈，后来进入清代宫廷中。五魁舞是满族民间舞蹈，源于满族早期的狩猎生活，狩猎归来时表演。表演者有5个人，分别佩戴虎、豹、熊、鹿、狍面具，模拟野兽动作奔跑跳跃并互相比赛。

进入新时代，满族学者赵书通过历史资料发掘了传统体育项目珍珠球，又叫"采珍珠"，满语为"尼楚赫"，又被称为"踢核""采核""扔核"。如今，喇叭沟门中小学学生都在练习这个活动，它已成为满族民俗文化节的重要表演项目。

五号馆是满族名人馆，介绍了很多近现代以来满族的名人，包括书法家、画家、学者、教育家、表演艺术家、体育明星、演员等，民族的文化气息非常浓厚。而20世纪最知名的满族人民艺术家当数老舍先生，他的《茶馆》《四世同堂》《正红旗下》讲述了市井中满族老百姓的喜怒哀乐。老舍自称文艺界尽责的小卒，却是当之无愧的人民艺术家。

博物馆的第二进院落有七号馆、八号馆、九号馆，分别展示满族的非遗项目，还有一个文化站。

七号馆讲述见证了当地满族历史兴衰更迭的"千总文化"。"彭姓千总"是喇叭沟门乡基层政治文化不可忽略的部分。千总是清朝的一个官职名，属于低级武官。乾隆年间，开始设置千总掌管汤河川，历代千总都由当地彭姓家族中比较有威望的人担任，官居七品。到了宣统年间，喇叭沟门最后一位千总彭明祥故去。

八号馆是非物质文化遗产馆，收藏有二魁摔跤的道具等多种非物质文化遗产。喇叭沟门乡帽山村的满族二魁摔跤距今有上百年历史，是一项春节期间的表演项目。它既是满族特有的民间体育活动，也是满族民间花会中必不可少的表演形式。二魁摔跤也被称为二贵摔跤、二鞑子摔跤等，目前已经被河北省隆化县申请为国家级非物质文化遗产，也说明了北京、河北在文化上的相近和相融。

满族的剪纸艺术跟汉族的剪纸有所区别。首先，材质不一样，汉族习惯用纸，满族则常常使用皮革或麻布，反映了游牧民族的特点。其次，汉族一般用红纸剪，取其过年时的喜庆气氛；满族一般用白色布皮剪窗花，然后进行涂色，也叫"染窗花"。单纯白纸的窗花适用于丧事，剪出图案来供奉神祇。如果是其他场合需要染色，通常会用常见的荷花，剪好后在花上涂粉色，梗上涂咖色，荷叶涂上绿色。最后，应用场景有所区别。汉族往往是贴在窗户、门上，满族会缝在衣冠、枕头上。

太平鼓是满族最重要的非物质文化遗产之一，也叫太平花鼓，是满族人用来祭祀、祷福、驱邪和庆寿时所进行的歌舞表演形式。太平鼓的鼓面上也会采用类似于窗花的图案，被称为神鼓。神鼓敲响，寓意来年丰收富饶、太平盛世。太平鼓一般由男性表演，鼓面则一般是用驴皮作为单面鼓，用一根竹棍敲打，一边敲打一边有唱词。

古代，太平鼓也被用于萨满活动。萨满作为一种满族民俗，常常应用于祭祀中，并依照祭祀内容要求，模拟各种动物或神怪。举行仪式时，萨满要戴上面具，身穿萨满服，腰系腰铃，左手抓鼓，右手执鼓鞭，在各种响器的配合下，同时唱神歌，场面充满了神秘的色彩。现在一般用于表现欢快愉悦的情绪。太平鼓在东北农村和内蒙古的东部地区也广泛流传，并影响到了汉族的民间文化。

采参也有特定的风俗。白山黑水之地，生长着很多优质的人参。采参人在出发前会准备好一根红绳和一个羊骨做的棍。红绳用于系参。传说珍贵的人参会生长几百年甚至上千年，它们在深山中吸收日月精华，已经通灵，拥有了像动物一样行走的能力，所以拿红绳系上是为了不让它跑。羊骨比较细，做成了尖状的剔除工具，可以在不伤害参须的情况下，慢慢把完整的参扒出来。当时的采参人为体现采参的不易，往往创造很多的传奇故事，增加稀缺物品的神秘性。

颁金节是满族人一个非常重要的节日。这个节日和黄金无关，而是满语"诞生"的意思，即满族"诞生日"。皇太极继位后，为了问鼎中原，减少中原百姓的敌意，把"女真"改称为满洲，从此标志着一个新的民族的产生。崇祯八年（1635），把每年的农历十月十三定为满族人自己的节日——颁金节。

后记

写完这本书，我仿佛又重新走了一遍那些让我印象深刻的博物馆。从世界范围来看，博物馆的诞生本身是阶级的产物。博物馆包括馆藏的各类珍品，属于帝王或者特权阶层展示其地位和财富的工具，是少数人相互炫耀和攀比的半封闭场所。而如今，博物馆已经发展成为服务大众、带有很强公益性的学习场地。从私人占有变为公众共享，代表了时代发展的意义。

人类从原始社会起就具有审美属性，人们将珍贵物品作为一般等价物，而超出一般等价物的更珍贵的物品，则会成为礼器，从而进行收藏、展示，并赋予其独特、庄重的命名。即便到了现代社会，个人也会珍藏某些具有特定价值和意义的物品。像相册、玩具、书、衣服、邮票等群众喜闻乐见的收藏，无不代表了人们对美好幸福生活的向往和追忆。博物馆也正是这样一个追思远而知幸福的场所。

当下，北京的博物馆还是国际文化传播的重要力量，是培养青少年爱国主义情怀的重要场所。朋友们，让我们一起为新时代的宣传思想文化工作、讲好中国故事作出新的更大贡献！